जीने की जिद

डॉ. रमेश अग्रवाल

जीने की जिद

फंडा
unda
राधाकृष्ण प्रकाशन का उपक्रम

ISBN : 978-81-959484-5-1

मूल्य : ₹199

पहला संस्करण : 2023

राधाकृष्ण प्रकाशन का उपक्रम

प्रकाशक
राधाकृष्ण प्रकाशन प्राइवेट लिमिटेड
जी-17, जगतपुरी, दिल्ली-110 051

शाखाएँ : अशोक राजपथ, साइंस कॉलेज के सामने, पटना-800 006
पहली मंजिल, दरबारी बिल्डिंग, महात्मा गांधी मार्ग, प्रयागराज-211 001
वेबसाइट : www.radhakrishnaprakashan.com
ई-मेल : info@radhakrishnaprakashan.com

मुद्रक
बी.के. ऑफसेट
नवीन शाहदरा, दिल्ली-110 032

JEENE KI JID
by Dr. Ramesh Agarwal

क्रम

सुनते हैं खुशी भी है जमाने में कोई चीज

मनुष्य की तमाम कोशिशों का आखिरी मकसद सिर्फ खुशियों को पाना है। जन्म से लेकर अपनी मृत्यु तक हर मनुष्य खुशियों की तलाश में भागता रहता है, मगर उसे खुशी नसीब नहीं होती। थककर आखिर वह यही कहने को मजबूर होता है कि तमाम उम्र खुशी की तलाश में गुजरी। तमाम उम्र तरसते रहे खुशी के लिए। खुशी की तलाश में मनुष्य कभी दौलत के पीछे भागता है तो कभी शोहरत के पीछे। कभी कुछ हासिल करके खुशी पाना चाहता है तो कभी कुछ त्याग कर। सोचे हुए लक्ष्य तो हर किसी को हासिल हो जाते हैं, मगर खुशी इसके बाद भी मृग मरीचिका की तरह दूर ही खड़ी नजर आती है।

सच्ची खुशी के सच

खुशी का वजूद, दरअसल हिरण के कुंडल में छिपी उस कस्तूरी की तरह है जिसे पाने के लिए खुद हिरण जंगल भर में भटकता फिरता है, मगर इसे हासिल नहीं कर पाता। कस्तूरी की ही तरह खुशी हमारे ही भीतर कहीं छिपी है। विडम्बना यह है कि हम इस बात को जानते भी हैं, मगर अपने ही भीतर छिपी खुशी को पहचान नहीं पाते। खुशी को हम इसके भौतिक स्वरूप में देखना चाहते हैं, मगर सच्चाई यह है कि खुशी कोई भौतिक पदार्थ नहीं, सिर्फ एक अहसास है जो कस्तूरी की तरह हमारे ही भीतर मौजूद है। हमारे भीतर छिपी कस्तूरी की यह खुशबू खुद चलकर कभी बाहर नहीं आती। इसे पाने के लिए हमें ही अपने वजूद सहित खुद अपने आपके भीतर पहुँचना पड़ता है।

खुशी की खुशबू में सराबोर होने से पहले खुशी के बारे में कुछ आधारभूत बातों पर बात करना बेहद जरूरी है। खुशी के बारे में एक बहुत कड़वा सच यह है कि बड़ी-से-बड़ी खुशी की उम्र बहुत छोटी होती है। किसी इनसान को यदि 10 करोड़ रुपए की लॉटरी भी खुल जाए तो उसकी खुशी का अहसास दिन और रात गुजरने के साथ-साथ कम होता चला जाता है और महीने भर के भीतर उसे कई नए तरह के गम नए सिरे से आ घेरते हैं। खुशी के बारे में एक दूसरा सच यह है कि खुशी का स्वरूप किसी ठहरे हुए तालाब की तरह न होकर बहती हुई नदी की तरह है। जिस तरह रात और दिन के बजाय रात के जाने और दिन के आने का समय अर्थात् सुबह-सुबह दिन के चौबीसों घंटे में सबसे ज्यादा सुहानी लगती है, ठीक उसी तरह खुशी भी हर इनसान को उस समय सबसे ज्यादा महसूस होती है जब यह भोर की तरह आ रही होती है। भोर जब दिन में बदलकर एक ठहराव-सा लेने लगती है तो इसका सुखद अहसास अपने आप कम हो जाता है। खुशी के बारे में तीसरी महत्त्वपूर्ण बात यह है खुशी कभी खुद चलकर किसी के दरवाजे नहीं आती। जिस इनसान को खुशी की दरकार होती है, उसे खुद ही चलकर खुशी के द्वार जाना होता है। खुशी के बारे में आखिरी और सर्वाधिक महत्त्वपूर्ण सच यह है कि खुशी कोई मौसमी त्यौहार नहीं बल्कि पूरी जिन्दगी जीने का एक तरीका है। जो लोग इस राज को समझकर अपने आपको जिन्दगी की नाव के हवाले कर देते हैं, खुशी खुद हवा बनकर इस नाव को पार बहाने लगती है।

खुशी की नैया के सात खेवैया

खुशी की नैया जीवन सागर पर सहज और सुखद तरीके से बहती रहे, इसके लिए हमें निम्नलिखित सात खेवनहार तरीकों पर भरोसा करना चाहिए।

मनाएँ छोटी-छोटी खुशियों का उत्सव

खुशी को जीवनशैली का रूप देने का सबसे पहला तरीका यह है कि हम छोटी-छोटी खुशियों को बड़े उत्सव की तरह मनाने की आदत डाल लें। हमारे मन को बहुत जल्दी किसी भी खुशी से ऊब जाने की आदत होती है।

जिस तरह कोई भी उपलब्धि हमारे मन को ज्यादा देर खुश नहीं रख पाती, ठीक उसी तरह एक ही आकार व और वजन की खुशी भी दूसरी बार मिलने पर उतना खुश नहीं कर पाती। दूसरी बार खुश होने के लिए हमारे मन को पहली बार मिली खुशी से बड़े आकार और वजन की खुशी की दरकार होती है। राम लाल जी को अपने व्यापार में हर महीना औसत एक लाख रुपए की कमाई होती थी। हर साल इस कमाई में 10 प्रतिशत की बढ़ोत्तरी हो जाती। यह 10 प्रतिशत की बढ़ोत्तरी राम लाल जी को हर साल एक नए आनन्द का अहसास कराती थी। एक बार किसी विदेशी कम्पनी से डील हो गई तो राम लाल जी को एक ही बार में डेढ़ करोड़ रुपए की कमाई हो गई। इस साल उनकी कमाई की बढ़ोत्तरी भी 10 प्रतिशत के बजाय सीधे बढ़कर 150 प्रतिशत हो गई। बस, तीन महीने तक तो राम लाल जी गद्गद रहे, मगर फिर धीरे-धीरे उनकी खुशी इस गम में तब्दील होने लगी कि फिर कोई विदेशी मुर्गा पकड़ में क्यों नहीं आ रहा है? उन्हें हर महीने होने वाली दो-ढाई लाख की कमाई भी घाटे जैसी लगने लगी जबकि पहले एक लाख रुपया महीना कमा कर भी वे सन्तुष्ट और खुश थे। हमें समझना चाहिए कि किसी भी इनसान की तकदीर की लॉटरी बार-बार नहीं लगती। ऐसे में अगर मन को सिर्फ बड़ी उपलब्धियों से ही खुश होने की आदत पड़ गई तो उम्र का 99 प्रतिशत भाग उसे दुःख और अवसाद में गुजारना पड़ जाएगा। बेहतर यही है कि हम खुशियों को किसी उपलब्धि से जोड़ने के बजाय छोटी-छोटी बातों पर खुश होने की आदत डालें। मसलन, कोई अच्छा-सा प्राकृतिक दृश्य देखकर खुश हो गए। कोई मनपसन्द गाना सुन लिया तो झूम उठे। कोई पुराना दोस्त मिला तो नाच उठे।

तलाश से पहले पहचान जरूरी

खुशियों को तलाशने से पहले इनकी पहचान होना ज्यादा जरूरी है। संजीवनी बूटी की पहचान न होने के कारण हनुमान को पूरा पर्वत ढोकर लाना पड़ा था। हम ऐसे पर्वत को ले भी आए तो यह हमारे लिए तब तक उपयोगी नहीं है जब तक हमें इसमें अपने उपयोग की वस्तु की पहचान न हो। हमें चाहिए कि हम सबसे पहले उन चीजों, उन कामों और उन बातों की सूची बनाएँ

जो हमें अच्छी लगती हैं या यूँ कहें कि हमें खुशी देती हैं। किसी व्यक्ति को किताब पढ़ना सबसे ज्यादा अच्छा लगता है तो किसी को संगीत सुनना। किसी को कविता लिखना अच्छा लगता है तो किसी को पहाड़ पर चढ़ना। किसी इनसान को पानी के तट पर पैदल चलना भाता है तो किसी को सड़क किनारे चौपाल पर बैठकर गप हाँकना। इन सब बातों की जितनी लम्बी सूची हम बना सकेंगे, अपनी खुशियों की लम्बाई भी उतनी ही ज्यादा हो सकेगी। ऐसी लम्बी सूची बनाने के बाद हमें चाहिए कि हम इन्हें एक-एक करके प्राथमिकता के क्रम में संजो लें अर्थात् उस कार्य को सबसे ऊपर लिखें जो हमें सबसे ज्यादा अच्छा लगता है या जिसे हम ज्यादा-से-ज्यादा समय देना चाहते हैं। सबसे आखिर में वह काम जो अपेक्षाकृत हमें सबसे कम खुशी देता है। हमें चाहिए कि हम इस सूची के शीर्ष पर आने वाले चार कार्यों में से किसी एक के आसपास अपना कॅरियर चुनने का प्रयास करें। वह व्यक्ति जीवन में सर्वाधिक भाग्यशाली, सफल और खुश कहा जाता है जिसे अपना कोई पसन्दीदा काम नौकरी अथवा व्यवसाय के रूप में मिल गया हो। किन्हीं कारणों से यदि ऐसा न हो सके तो इन चार सर्वोच्च वरीयता क्रम वाले कामों में से किसी एक को अपनी पार्ट टाइम हॉबी, जॉब अथवा व्यवसाय के रूप में अपनी रोजमर्रा की जिन्दगी का हिस्सा बना लें। दिव्या को अपने स्कूल के दिनों से संगीत पसन्द था। वह फिल्म उद्योग में जाकर शंकर-जयकिशन और लक्ष्मीकांत-प्यारेलाल जैसे किसी मशहूर संगीत ग्रुप का हिस्सा बनना चाहती थी, मगर पारिवारिक परिस्थितियों ने उसे मुम्बई तक नहीं पहुँचने दिया। संगीत में एम.ए. करके उसने टॉप भी कर लिया, मगर उसे संगीत शिक्षिका के बजाय अंग्रेजी पढ़ाने की नौकरी मिली। मन की उमंग ने फिर भी हिलोर भरना नहीं छोड़ा। थोड़ा-सा जीवन-क्रम बनते ही दिव्या ने शाम को दो घंटे के लिए एक निजी संगीत संस्थान में संगीत सिखाना शुरू कर दिया। देखते ही देखते दिव्या के मधुर कंठ की हर ओर चर्चा होने लगी। कई अन्य शहरों में होने वाले कार्यक्रमों में उसे आमंत्रित किया जाने लगा और आज दिव्या यह सोचकर खुश है कि लोग उसे अंग्रेजी अध्यापिका के रूप में नहीं एक अच्छी संगीत कलाकार के रूप में ही जानते हैं।

लक्ष्य हो आईने की तरह साफ

खुश रहने का एक अन्य फॉर्मूला यह है कि हम अपने जीवन के लक्ष्य स्पष्ट रखें। मेरा लक्ष्य बड़ा आदमी बनना है। बड़ा आदमी बनना दरअसल कोई लक्ष्य नहीं है। हमारे जेहन में यह स्पष्ट होना चाहिए कि हम बड़े आदमी के रूप में बड़ा उद्योगपति बनना चाहते हैं, बड़ा अधिकारी बनना चाहते हैं, बड़े अधिकारी में भी अमुक पद पर पहुँचना चाहते हैं, साहित्यकार के रूप में एक कहानी लेखक बनना चाहते हैं, कवि बनना चाहते हैं या शायर बनना चाहते हैं। अपने लक्ष्य और सपनों को एक स्पष्ट आकृति देकर ही हम अपने प्रयासों का आकलन कर सकते हैं कि हम कितना सफल हुए और कितना असफल? लक्ष्य निर्धारित करते समय भी हमें यह निर्धारित करने का प्रयास करना चाहिए कि मुझे जाना किस क्षेत्र में है? उदाहरणत: मैं सॉफ्टवेयर इंजीनियरिंग के क्षेत्र में जाना चाहता अथवा चाहती हूँ, कला के क्षेत्र में अपनी प्रतिभा आजमाना चाहता हूँ या फिर फौज में जाकर अपनी बहादुरी के जौहर दिखाना चाहता हूँ। हमारे प्रयास सही कार्यक्षेत्र चुनकर अपनी सर्वश्रेष्ठ क्षमता दिखाने के रहने चाहिए। पद और पैकेज तो हमारे सतत् प्रयासों के बाई प्रोडक्ट हैं जो अपने आप हमारी झोली में आने हैं। पद और उपलब्धियों पर आधारित खुशी ज्यादा देर नहीं टिकती। अपने पसन्दीदा कार्यक्षेत्र में अपनी सौ प्रतिशत क्षमता से निरन्तर कार्यरत रहने की सन्तुष्टि निरन्तर और स्थायी खुशी देती है।

मिजाज का स्टियरिंग व्हील हो खुद अपने हाथ में

जैसाकि ऊपर कहा गया है, खुशी कोई वस्तु नहीं बस एक एहसास है। हम अनमने से उदास बैठे होते हैं और किसी खुशमिजाज दोस्त की कोई खुशनुमा बात याद आते ही हमारा मूड ठीक हो जाता है। कभी खुश-खुश बैठे हैं और किसी रिश्तेदार की कही कई सालों पुरानी कड़वी-सी बात याद आ गई और मन मलिन हो गया। अभी कुछ नहीं हुआ, सालों पहले हुआ था, मगर मूड अभी खराब हो गया। निष्कर्ष यह है कि खुशी और नाराजगी किसी तात्कालिक कारण अथवा घटना पर ही आधारित हो जरूरी नहीं। हमारे मन का मिजाज ही

हमें कभी खुश तो कभी नाराज कर बैठता है, मगर हम चाहें तो मिजाज का स्टियरिंग व्हील हम अपनी मनचाही दिशा में भी घुमा सकते हैं। हमने देखा होगा कई बार हम अपनी पुरानी मारुति कार में बैठे,पास से गुजरती मर्सीडीज को देख 'काश' कहते हुए अपना मूड खराब कर बैठते हैं, मगर कभी यह प्रयोग करके देखें, जो मैंने कई बार किया है। किसी दिन कार ड्राइव करते समय हम अपने मन को टाइम मशीन पर बैठाकर पन्द्रह वर्ष पुराने दौर में ले जाएँ और उस दौर में अपने द्वारा चलाए गए अपने पुराने काइनेटिक होंडा अथवा बजाज स्कूटर को फिर एक बार अपने नीचे महसूस करें। आपको अपनी उसी पुरानी कार के चार सन्तुलित पहिये जिन पर स्कूटर की तरह बैलेंस बनाने के लिए पैर नहीं टिकाना पड़ता, चौड़ी-सी सीट जिस पर आगे सरककर नहीं बैठना पड़ता और आराम देह शॉक एब्जॉर्बर्स जो स्पीड ब्रेकर पर आपकी कमर को दोहरा नहीं करते, आपको वह एहसास देने लगेंगे जो हवाई जहाज के बिजनेस क्लास के यात्री को नसीब नहीं होता। कहने का आशय यही है कि खुशी महज एक एहसास है जिसे जब चाहें और जहाँ चाहें, हासिल किया जा सकता है।

इच्छाओं का दमन नहीं प्रबन्धन जरूरी

खुशियों का एक बड़ा फॉर्मूला हमारे प्राचीन दर्शन और संस्कृति में बार-बार दोहराया गया है। यह सच है कि प्रतिस्पर्धा के नए दौर में प्राचीन दर्शन में कही गई इच्छाओं के दमन, त्याग और सन्यास की बातें बेमानी-सी लगती हैं, मगर इसका यह अर्थ कतई नहीं कि पूर्व में कही गई इन बातों का कोई महत्त्व नहीं। समय की कसौटी पर कसी हुई ये प्राचीन शिक्षाएँ आज भी उतनी ही तर्कसंगत और उपयोगी हैं जितनी कि पहले कभी हुआ करती थीं। इच्छाओं की अनियंत्रित उड़ान एक सीमा के बाद निराशा, दुःख और अवसाद का कारण बनती ही है, मगर दूसरी तरफ इच्छाओं का कुशल प्रबन्धन सफलता के सफर का शक्तिशाली ईंधन बन सकता है। खुशी और सफलता, दोनों का साथ मिले, इसके लिए जरूरी है कि हम अपने लक्ष्य और इच्छाओं की सीमा स्वयं ही तय करें। हमने देखा होगा कि लोग अपने लक्ष्य निर्धारित करते समय न्यूनतम की सीमा निर्धारित करते हैं। मसलन,

सरकारी नौकरी में कम-से-कम प्रशासनिक अधिकारी तो बनना ही है। पैसा कमाने की दौड़ में दस साल के भीतर कम-से-कम दो करोड़ तो कमाना ही है। खुशियों की चाहत रखने वालों को अव्वल तो सिर्फ कर्म को अपना लक्ष्य बनाने की सलाह दी गई है, कर्म फल को नहीं, किन्तु व्यावहारिक धरातल पर कर्मफल से विरक्त न भी हो सकें तो मेरी राय में न्यूनतम के बजाय हमें अधिकतम की एक सीमा स्वयं अपने आपके लिए बना लेनी चाहिए। उदाहरण के तौर पर, जब हम अपने कॅरियर की बात करें तो उतने ही बड़े पद की अपने लिए सीमा तय करनी चाहिए जितना बड़ा पद हमारी क्षमता, स्वास्थ्य, परिवार और खुशियों को न हजम करने लगे। पैसे की होड़ उस मुकाम पर जाकर रोक देनी चाहिए जहाँ से यह हमें पैसे का उपयोग करने के अयोग्य बनाना शुरू कर दे। ऐसे पैसे का कोई फायदा नहीं जिसे खर्च करने का हमारे पास समय न हो।

मन का मकान खाली कराना जरूरी

जिस तरह एक म्यान में दो तलवारें नहीं रह सकतीं, ठीक उसी तरह हमारे मन में चिन्ता और खुशी एक साथ नहीं रह सकती। हमें अगर खुशियों को हमारे मन में जगह देनी है तो पहले चिन्ताओं से यह मकान खाली कराना होगा। चिन्ताएँ प्राय: तीन तरह की होती हैं। पहली प्रकार की चिन्ताएँ अव्यावहारिक इच्छाएँ पालने से दूसरी प्रकार की चिन्ताएँ व्यावहारिक इच्छाओं को पूरा करने के लिए प्रयास न करने के मलाल से तथा तीसरी प्रकार की चिन्ताएँ मन के बेवजह भटकाव से होती हैं। पहली और तीसरी प्रकार की चिन्ताओं को तर्कसंगत जीवन दर्शन से नियंत्रित किया जा सकता है, मगर दूसरी प्रकार की चिन्ताओं को मिटाने के लिए जरूरी है कि हम अपने जीवन को नियोजित करें। अपने पूरे होने योग्य लक्ष्यों की सूची, रणनीति, समयबद्ध कार्यक्रम व अनुशासित दिनचर्या बनाएँ तथा जुट जाएँ अपने काम में। हर दिन के लिए निर्धारित काम उसी दिन पूरा हो जाने पर हमें सबसे ज्यादा खुशी मिलती है जबकि बेकार गुजरता समय हमें अवसाद,निराशा और चिन्ताओं से भर देता है।

तन स्वस्थ तो ही मन स्वस्थ

दीमक लगे हुए पेड़ पर खूबसूरत फूल नहीं खिल सकता। फिर रोगग्रस्त शरीर में मन किसी खुशी से कैसे खिल सकता है? मन का फूल खुशियों से महके, इसके लिए सबसे बड़ी जरूरत है कि इनसान का शरीर स्वस्थ हो। हमें चाहिए कि हम अपनी दिनचर्या के कुछ घंटे अपने स्वास्थ्य के रखरखाव के लिए अवश्य सुरक्षित रखें। व्यायाम और उचित आहार पर सजग निगाह रखना हर रोज जरूरी है। यदि शरीर के किसी भाग में कोई रोग या कष्ट है तो इसके उपचार में देरी कतई नहीं होनी चाहिए। हमारा मस्तिष्क यदि इस कष्ट के चिन्तन में व्यस्त रहेगा तो वह खुशी और आनन्द का स्वागत कैसे कर पाएगा?

खुशी का सबसे बड़ा राज खुश रहने की इच्छा में ही छिपा है। जो इनसान दिल से खुश रहने की इच्छा रखता है, उसे दुखों का तूफान भी कभी उदास नहीं कर सकता।

चिन्ताएँ नहीं यह जीने का टाइमपास चबैना है

चिन्ताओं को लेकर ज़िन्दगी का एक बड़ा सबक मुझे उन दिनों सीखने को मिला जब मैं अपने पैतृक शहर अजमेर से दूर, दैनिक भास्कर जयपुर में कार्यरत था। हालाँकि अपने कॅरियर के शीर्षस्थ पद पर नियुक्त था, मगर अपने शहर से दूर होने का अहसास जिन्दगी के मुश्किलतम समय का अहसास दिला रहा था। बच्चों की पढ़ाई और स्वयं अपने भविष्य की अनिश्चितता भी चिन्ता का आधार बने हुए थे।

इन्हीं दिनों एक सहकर्मी श्याम बाबूजी से मित्रता हो गई। श्याम बाबूजी की उम्र मुश्किल से 40 के आसपास रही होगी। इतनी-सी उम्र में श्याम बाबू जी न सिर्फ दोनों बेटों और एक बेटी की शादी से निवृत्त हो गए बल्कि दादा और नाना भी बन गए। जिन्दगी भर की हुई मेहनत से न सिर्फ बच्चों का काम-धन्धा जमा दिया बल्कि दोनों पुत्रों के लिए अलग-अलग मकान भी बना दिए। मुझे उनकी दायित्वमुक्त ज़िन्दगी देखकर कई बार रश्क-सा होता। एक दिन अपनी डैस्क का काम निपटाकर श्याम बाबूजी मेरे केबिन में आ बैठे। कुछ अनमने-से दीखे तो मैंने कारण पूछ लिया। कहने लगे, "अग्रवाल साहब, पता नहीं क्यों आजकल मन उचाट-सा रहता है।" मैंने कहा, "कुछ दिन बाहर घूम आओ।" कहने लगे, "दो बार हरिद्वार हो आया। चार धाम घूम लिए। शिमला-नैनीताल भी देख लिए।" मैंने कहा "कोई पार्ट टाइम काम ढूँढ़ लीजिए।" कहने लगे, "वहाँ से फिर पैसा मिलेगा। 24 लाख की दो एफ.डी. मैच्योर होने वाली हैं। करूँगा क्या इस पैसे का?" मैनें मजाक किया "फिर तो भाभीजी से झगड़ा कर लीजिए। उन्हें मनाने में टाइम पास हो जाएगा। कहने लगे—"अरे वो भी तो गुस्सा नहीं होती। कई बार उलझने की कोशिश कर चुका हूँ।"

बात करते-करते मुझे महसूस हुआ कि श्याम बाबूजी की समस्या महज मजाक नहीं, वाकई गम्भीर है। निरुद्देश्य उगते सवेरे और निष्फल बीतने वाली शाम से पैदा हुए उनके डिप्रेशन ने एकाएक मुझे अहसास कराया कि मैं कितना भाग्यशाली हूँ जो मेरे पास अभी इतनी सारी चिन्ताएँ हैं। मैंने आनन-फानन में अपनी चिन्ताओं की सूची बनाई और यह देखकर मेरा खुद का डिप्रेशन जाता रहा कि मेरे पास अपनी लम्बी जिन्दगी बिताने के लिए कितने सारे काम और चुनौतियाँ (चिन्ताएँ नहीं) बाकी हैं।

चिन्ताओं का चबैना बनाने के सात मसाले

अपने अनुभव के आधार पर मैं साथियों को कह सकता हूँ कि अगर अपनी जिन्दगी को चुस्त-दुरुस्त, जिन्दा और लम्बी बनाना चाहते हैं तो चिन्ताओं से मुक्त होने का विचार बिल्कुल छोड़ दीजिए। इसके बजाय अपने जेहन में बेलगाम तैरती चिन्ताओं को घेरकर इकट्ठा कीजिए। इन्हें शक्ल से पहचानिए, इन्हें कतार में खड़ा कीजिए और फिर एक-एक का सामना करने में उसी तरह का मजा लीजिए जिस तरह कम्प्यूटर गेम में बच्चे एक-एक बाधा को पार कर अपनी जीत का स्कोर बढ़ाने में मजा लेते हैं। चिन्ताओं को ढूँढ़ने, पकाकर कुरकुरा करने व जिन्दगी की फिल्म में इसका टाइमपास चबैना बनाने के लिए यूँ तो कई तरह के मसाले उपलब्ध हैं, मगर फिलहाल इनमें से सात यहाँ प्रस्तुत हैं।

खुश होइए कि ख्वाहिशें अभी जिन्दा हैं

जिस किसी इनसान के पास अगर एक भी चिन्ता शेष है, उसे यह सोचकर अपने आपको भाग्यशाली समझना चाहिए कि उसमें सफल होने व खुश रहने की कोई ख्वाहिश अभी जिन्दा है। चिन्ता की मौजूदगी यह प्रमाणित करती है कि हम अपनी मौजूदा स्थिति से सन्तुष्ट नहीं हैं और हमारे भीतर मौजूदा स्थिति से बाहर निकलने अथवा कुछ कर गुजरने का जज्बा उमड़ रहा है। यह बात अलग है कि हम इस जज्बे को या तो साफ-साफ समझ नहीं पा रहे हैं अथवा फिर इस पर अमल का रास्ता नहीं सूझ रहा है। याद

रखना चाहिए कि पागल और भिखारी भी अपनी जिन्दगी खुशी के साथ पूरी करते हैं, मगर उन्हें कभी कोई चिन्ता नहीं सताती। हमारी चिन्ता हमें यह संकेत देती है कि हम अपनी मौजूदा स्थिति से बेहतर स्थिति में जाने की इच्छा रखते हैं।

चिन्ता का निवारण ही कराता है खुशी का अहसास

चिन्ताओं का वजूद रात के उस अँधेरे की तरह है जो हमें दिन के उजाले का महत्त्व समझाता है। अगर चौबीसों घंटे दिन के होते तो हम सुबह के उल्लास और शाम की खूबसूरती कैसे महसूस कर पाते? हम जानते हैं कि हमारा मन दिन के उस पल में सबसे ज्यादा प्रफुल्लित होता है जब सुबह की पहली किरण अँधेरे को हटने का संकेत दे रही होती है। इतनी प्रफुल्लता हमें न तो रात के घने अँधेरे में महसूस होती है न ही पूरे निकले हुए दिन के किसी पल में। यह इस बात का प्रमाण है कि खुशी किसी जड़ स्थिति में नहीं बल्कि परिवर्तन के पल में होती है। यदि चिन्ता न होती तो खुशी के आने का परिवर्तन हमें नसीब न होता। इसी तरह हमें भी हर उपलब्धि बगैर चिन्ताओं की प्रसव पीड़ा के हो जाती और जीवन का हर पल सहज और आसान ही रहता तो नया कुछ उत्पन्न होने की खुशी हमें कैसे नसीब होती?

बीप की आवाज और लाल बत्ती है चिन्ता

चिन्ताओं की मौजूदगी हमें हर समय हमारे किसी लक्ष्य की याद दिलाती है। यदि कोई चिन्ता हमारे मन को निरन्तर सालती न रहे तो हो सकता है, हम मौज-मस्ती और बेफिक्री में इतने गुम हो जाएँ कि काम करने और आगे बढ़ने का लक्ष्य ही भूल जाएँ। चिन्ता दरअसल प्रकृति द्वारा हमें दिया गया ऐसा वरदान है जो अन्ततः हमारी उन्नति और सफलता का आधार बनता है। हृदय के भीतर निरन्तर होता चिन्ता का स्पन्दन हमें मनोरंजन के क्षणों में भी यह याद दिलाता रहता है कि कोई काम है जो हमारा इन्तज़ार कर रहा है। चिन्ता हमारी नींद के बिस्तर के नीचे चुभता हुआ ऐसा कंकड़ है जो हमें इस बात के लिए विवश करता है कि हम पहले उस काम को निपटाएँ और फिर

सुकून से सोने का मन बनाएँ। चिन्ताएँ हमें आलस छोड़कर कुछ करने के लिए विवश करती हैं। इस मायने में चिन्ता हमारे शरीर के उस बटन की तरह है जो हमारी कर्मशीलता के इंजन को आगे बढ़ाता है।

ज्यादा चिन्ता मतलब ज्यादा बड़ी सफलता

चिन्ताओं की लम्बी फेहरिस्त हमारी सफलताओं की ऊँचाई तय करती है। जो छात्र जितनी परीक्षाएँ पास करता जाता है, उतनी ही बड़ी डिग्रियाँ उसकी झोली में बढ़ती चली जाती हैं। जितनी ऊँची डिग्री किसी के पास होती है, उसके पद और प्रतिष्ठा का पैमाना भी उतना ही बड़ा हो जाता है। खेल के दौरान जो खिलाड़ी जितनी अधिक बाधाएँ पार करता है, उसकी जीत का स्कोर उतना ही बड़ा होता जाता है। परीक्षा की बाधा और बाधाओं की चिन्ता अगर न होती तो पुरुषार्थी और आलसी, दोनों ही तरह के लोगों को सफलता मिल जाती। जिस व्यक्ति को चिन्ताओं से लड़ने का अवसर नहीं मिलता, वह समाज को अपनी काबलियत साबित करने से महरूम रह जाता है। उस इनसान को अपने आपको भाग्यशाली समझना चाहिए जिसे ज्यादा-से-ज्यादा चिन्ताओं से जूझने का मौका मिलता है। चिन्ताओं की समाप्ति का अर्थ है—तरक्की के सफर की समाप्ति।

रोमांच का मजा

कर्मशील मनुष्य अक्सर रोमांच प्रेमी होते हैं। इनके पास जब जिन्दगी की कोई अन्य चुनौती शेष नहीं रहती तो वे रोमांच की खातिर साहसिक कारनामे हाथ में लेकर चिन्ता को आमंत्रित करते हैं। हर साहसिक अभियान के दौरान वे अपनी जान तक को खतरे में डालकर मौत की चिन्ता के साथ खेलते हैं। ये ही लोग अभियान की सफलता के बाद पुनर्जन्म जैसा उत्सव मनाते हैं। एक अभियान सफल हो जाने के बाद वे फिर अपनी जान को खतरे में डालने के किसी नए अभियान की योजना बनाना शुरू कर देते हैं। ऐसा करके भी वे जिन्दगी का मजा ही ले रहे होते हैं। निष्कर्ष यह कि जिन्दगी का मजा लेने के लिए लोग जब आगे होकर मौत जैसी चिन्ताओं

को आमंत्रित कर सकते हैं तो हम उन आमंत्रित चिन्ताओं से खेल कर खुशी क्यों नहीं मना सकते?

जमीन से जोड़े रखने वाला पत्थर

कभी-कभी सफलताएँ इनसान को अति आत्मविश्वास से भर देती हैं। इतना आत्म विश्वास कि मनुष्य अपनी हैसियत भूलकर आसमान में उड़ने लगता है। इनसान की यही खुशफहमी अन्ततः सफलता के बाद भी असफलता का मुँह देखने के लिए विवश करती है। अपनी उपलब्धियों और सफलताओं का मुकाम खो जाने की चिन्ता एक ऐसे वजनी पत्थर का काम करती है जो इनसान को आकाश में उड़ने से रोकता है। सब कुछ खो जाने की चिन्ता सफल मनुष्य को न सिर्फ जमीन पर रहना सिखाती है बल्कि उसे इस बात के लिए भी प्रेरित करती है कि वह अन्य इनसानों को भी इनसान समझता रहे। उनके साथ सद्व्यवहार व मेलजोल रखे ताकि अगर उसकी सफलता की साइकिल में अचानक ब्रेक लग भी गए तो उसे सँभालने वाले उसका उपहास न उड़ाएँ। तो इस तरह चिन्ताएँ इनसान की सफलता का नशा उतारने का भी काम करती हैं।

समाज को जोड़े रखती है चिन्ता

चिन्ताओं का वजूद किसी एक इनसान के लिए ही नहीं बल्कि पूरे समाज के लिए भी उपयोगी है। साधु और वैरागी इसलिए जंगल में जाकर रह लेते हैं क्योंकि उन्हें किसी की कोई चिन्ता नहीं होती, मगर पूरा समाज जंगल में जाकर नहीं रह सकता। जान और सम्पत्ति की सुरक्षा की चिन्ता ही मनुष्य को सामाजिक प्राणी बनाती है। सह अस्तित्व और सामाजिक समझौते मनुष्य के असुरक्षा बोध की ही उपज हैं। चिन्ताएँ मनुष्य को एक-दूसरे के करीब लाती हैं। चोरों, डकैतों,शत्रुओं अथवा अनहोनियों की चिन्ता ही हमें हमारे पड़ोसियों, मित्रों, सहकर्मियों या संगठनों से जुड़े रहने के लिए प्रेरित करती हैं।

क्या करें जब एल्बर्ट पिंटो को गुस्सा आए?

क्रोध को इनसान का सबसे बड़ा दुश्मन और जीवन के रास्ते का सबसे बड़ा रोड़ा कहा गया है। भगवान श्री कृष्ण ने 'गीता' में कहा है कि *क्रोधाद्भवति संमोह: संमोहास्मृतविभ्रम:। स्मृतिभ्रंशाद्बबुद्धिनाशो बुद्धिनाशान्प्रणश्यति।* अर्थात् क्रोध से मूढ़ता उत्पन्न होती है, मूढ़ता से स्मृति भ्रान्त हो जाती है स्मृति भ्रान्त होने से बुद्धि का नाश हो जाता है तथा बुद्धि नष्ट होने पर प्राणी स्वयं नष्ट हो जाता है। पाइथोगोरस नाम के विद्वान ने भी कहा है कि क्रोध मूर्खता से शुरू होता है और पश्चात्ताप पर समाप्त होता है। शायद यही वजह है कि सयाने लोग क्रोध के दमन की बात करते हैं। कोई भी समझदार व्यक्ति क्रोध करने या क्रोध रखने की बात का समर्थन नहीं रखता, मगर मेरी राय इन सबसे थोड़ी अलग हट कर है। मैं जैसाकि इसी पुस्तक में अन्य स्थान पर भी कह चुका हूँ, प्रकृति ने मनुष्य तो क्या, इस पूरी सृष्टि पर कोई वस्तु, कोई भावना, कोई विचार अनुपयोगी नहीं बनाया। यह सम्भव है कि अनुपयोगी अथवा अप्रिय लगने वाली उस चीज का उपयोग ढूँढ़ने का प्रयास ही न किया गया हो। मैंने मनुष्य की क्रोध नाम की इस प्रवृत्ति के वजूद का औचित्य ढूँढ़ने का छोटा-सा प्रयास यहाँ किया है। मेरी राय में क्रोध अथवा गुस्सा मनुष्य की एक ऐसी उपयोगी भावना है, जिसका यदि समझदारी से इस्तेमाल किया जाए तो यह इनसानियत के लिए एक वरदान साबित हो सकती है।

गुस्सा अक्सर तब आता है जब कोई बात, घटना या परिणाम हमें अपनी इच्छा के अनुकूल न लगे। गुस्सा तब अधिक आता है जब हम परिणाम अपने मन के अनुरूप लाने के लिए एड़ी-चोटी का जोर लगा दें, मगर हो सब कुछ इसके विपरीत। आए दिन होने वाली हत्या-आत्महत्याएँ, आतंक की घटनाएँ,

हताश नौजवानों द्वारा की जाने वाली सार्वजनिक सम्पत्ति की तोड़-फोड़ आदि सब उस क्रोध का परिणाम हैं जो अपनी हैसियत से बड़ी चुनौती से मिली हताशा से उत्पन्न होता है। मसलन, इम्तहान का पर्चा हमारी तैयारी से ज्यादा कठिन था। प्रतियोगिता में हमारा प्रतियोगी हमसे बेहतर साबित हुआ। दफ्तरों का भ्रष्टाचार हमारी लड़ने की क्षमता से बड़ा निकला। राजकीय अव्यवस्था हमारे मूल्य और भावनाओं से आकार में बड़ी हो गईं वगैरह वगैरह। कुल मिलाकर हमने अपने आपको अपने सामने खड़ी चुनौती के मुकाबले कमजोर महसूस किया और हमें अपनी बेबसी पर गुस्सा आ गया।

जैसाकि ऊपर कहा गया है, क्रोध के सिलसिले में अलग-अलग लोगों ने अलग-अलग बातें कही हैं और इसके नियंत्रण अथवा निवारण के उपाय इस गरज से बताए गए हैं मानो यह कोई बीमारी हो या फिर यह कोई अवांछनीय भावना हो। मेरा इस सम्बन्ध में भी मानना यही है कि ईश्वर द्वारा इनसान को दी गई कोई भी चीज अवांछनीय नहीं है, चाहे यह क्रोध ही क्यों न हो। पिछले दिनों अखबार में इन्दौर के एक ऐसे रेस्टोरेंट के बारे में छपा था जहाँ ग्राहक को अपना गुस्सा निकालने के लिए तोड़-फोड़ की चीजें मुहैया कराई जाती हैं। गुस्से से होने वाले सामाजिक नुकसान को बचाने के लिए हो सकता है यह तरीका तात्कालिक रूप से कुछ काम कर जाए, मगर मेरी राय में इस तरह के प्रयोग क्रोध जैसी कीमती चीज का अपव्यय करने के समान है। मैं इस सम्बन्ध में महात्मा गांधी के इस विचार का पूरी तरह कायल हूँ, जिसमें वह कहते हैं, "जैसे ताप को संरक्षित रखकर शक्ति में परिवर्तित किया जा सकता है, उसी प्रकार क्रोध को अधीन रखकर ऐसी शक्ति में परिवर्तित किया जा सकता है जो विश्व को हिलाकर रख दे।" यह सच है कि मानसिक सन्तुलन, सुनिश्चित योजना और अपार धैर्य के साथ क्रोध का प्रबन्धन किया जाए तो इसे एक रचनात्मक शक्ति में बदला जा सकता है।

क्रोध को गाड़ी का ईंधन बनाने के सात सूत्र

नीचे लिखे सात सूत्रों पर अमल करके इसी क्रोध को, जिसे लोग एक अभिशाप समझते हैं, एक वरदान में रूपान्तरित किया जा सकता है।

देखें कि हम भीतर से कितने जिन्दा हैं

क्रोध को ईंधन बनाकर तरक्की की गाड़ी में झोंकने के लिए सबसे पहले जरूरी है—खुद अपने भीतर मौजूद उपयोगी क्रोध की नब्ज को टटोलना। क्रोध हो या खुशी, किसी भी भावावेग के लिए पहली जरूरत है—इनसान में संवेदना का होना। किसी इनसान को खुद अपनी उपेक्षा पर या किसी अन्य पर होते अन्याय पर, पानी, बिजली या सड़क की अव्यवस्था देखकर या दफ्तरों में काम के बजाय भ्रष्टाचार के फैले हुए राज को देखकर यदि गुस्सा नहीं आता तो समझना चाहिए कि उसके भीतर संवेदना, आत्मसम्मान या जमीर जैसी कोई चीज शेष नहीं रही है। इसके विपरीत, इन्हीं सब बातों पर यदि हमारा खून खौल उठता है तो यह जानकर इस बात का जश्न मनाना चाहिए कि हमारी रीढ़ की हड्डी अभी लिजलिजी नहीं हुई है। बुराई के खिलाफ किसी भी इनसान में पैदा होने वाला क्रोध, उपयोगी क्रोध है। इस क्रोध को हम 'अच्छा क्रोध' या 'रचनात्मक क्रोध' भी कह सकते हैं। यदि हमारे भीतर यह मर चुका है तो इसे फिर से जिन्दा करना जरूरी है। एक पत्रकार के रूप में काम करते हुए मेरी निजी जिन्दगी का अनुभव है कि बड़े राजनीतिक पदों पर बैठा कोई व्यक्ति अथवा अधिकारी जब मेरा बताया हुआ मेरा कोई व्यक्तिगत अथवा किसी अन्य व्यक्ति का ऐसा कार्य, जिसे करने की मैंने सिफारिश की है, यदि नहीं करता तो मैं इसमें भी यह सोचकर प्रसन्नता महसूस करता हूँ कि एक पत्रकार के रूप इस व्यक्ति के विरुद्ध कभी मुझे कलम चलानी पड़ी तो मेरा हाथ काँपेगा नहीं।

अनुपयोगी क्रोध को निकाल फेंकें

क्रोध प्रबन्धन का दूसरा सूत्र है—अनुपयोगी क्रोध को अपने वजूद से पूरी तरह निकाल फेंकना। कई बार हमें गुस्सा तो आता है, मगर हम इसके कारण को ठीक से समझ नहीं पाते। ये धूप इतनी तेज क्यों पड़ रही है? ये हवा के साथ मिट्टी क्यों उड़ रही है? ये ठंड चैन नहीं लेने देती? ये सब गुस्से के तात्कालिक कारण तो प्रतीत होते हैं, मगर दरअसल होते नहीं। ऐसा गुस्सा नुकसानमन्द एवं अनुपयोगी गुस्सा है। ऐसे लोगों का गुस्सा उन्हें यह संकेत देने के लिए उपयोगी है कि वे अपने स्वास्थ्य पर ध्यान दें, अपनी जीवनचर्या

को व्यवस्थित करें अथवा ध्यान, चिन्तन और योग के माध्यम से अपनी सोच को ठीक करें। आधारहीन गुस्सा प्राय: उन लोगों को आता है जिनका या तो स्वास्थ्य ठीक नहीं है या वे समय प्रबन्धन के अभाव में खुद ही अस्त-व्यस्त रहते हैं। यह भी सम्भव है उनकी सोच में किसी कमी के कारण वे ईर्ष्या, घुटन अथवा निराशा से ग्रस्त हो चुके हों। इन परिस्थितियों से जन्मे क्रोध से निजात पा लेना ही ठीक है।

शत्रु की शक्ल ठीक से पहचानें

क्रोध को ऊर्जा बनाने के सफर का तीसरा सूत्र है—उस शत्रु की स्पष्ट पहचान कर लेना, जिसे अपने क्रोध के बारूद का निशाना बनाना है। जैसाकि ऊपर कहा गया है, एक होता है अनुपयोगी या अवांछित क्रोध व दूसरा होता है—उपयोगी क्रोध। उपयोगी क्रोध को विवेक की छलनी से पहचान लेने के बाद उस कारण की तह तक पहुँचना जरूरी है, जिसने आपके क्रोध को जन्म दिया है। क्रोध का यह कारण ही इस क्रोध का निशाना भी होना चाहिए। उदाहरण के तौर पर, हमें अपना परीक्षा परिणाम अपेक्षानुरूप न आने पर गुस्सा तो आ रहा है, मगर हम यह तय नहीं कर पा रहे हैं कि गुस्सा प्रश्न-पत्र बनाने वाले परीक्षक पर करें या उस प्रतिस्पर्धी पर जो खराब प्रश्न-पत्र के बावजूद हमसे ज्यादा अंक ले गया। तर्क और विवेक की सहायता से हम कोशिश करें तो पाएँगे कि हमारा शत्रु न तो परीक्षक है और न ही प्रतिस्पर्धी, बल्कि हमारा वास्तविक शत्रु हमारे भीतर छिपी रह गई वे कमजोरियाँ हैं जिन्हें हम परीक्षा की तैयारियों के दौरान नहीं पकड़ पाए। ये कमजोरियाँ हमारे अध्ययन के तरीके में भी हो सकती हैं, तो परीक्षा के समय हमारे उत्तर देने के तरीके में भी। यह कमजोरी हमारी विषय विशेष में अरुचि भी हो सकती है, तो विभिन्न विषयों के अध्ययन के लिए आवंटित समयावधि में भी। एक हिन्दी फिल्म बनी है जिसका नाम था 'एल्बर्ट पिंटो को गुस्सा क्यूँ आता है?' फिल्म के पूर्वार्द्ध में नायक का गुस्सा उन हड़ताली और आन्दोलनकारी कर्मचारियों के प्रति होता है जो कारखानों अथवा दफ्तरों में काम नहीं होने देते, मगर फिल्म के उत्तरार्द्ध में उसे ज्ञान होता है कि बुरे लोग श्रमिक नहीं बल्कि पूँजीपति हैं तो वह अपने क्रोध की तोप का मुँह

घुमाकर मालिकों की तरफ कर देता है। निष्कर्ष यह है जंग से पहले सही शत्रु की पहचान होना बेहद जरूरी है।

शत्रु की ताकत को आँकें

क्रोध के बारूद से शत्रु को ध्वस्त करने के अभियान का चौथा सूत्र है—शत्रु की ताकत का आकलन करना। समूचे समाज, राज्य व्यवस्था अथवा भ्रष्टाचार के विरुद्ध हमारे भीतर सुलग रही क्रोध की अग्नि माचिस की तीली का काम तो कर सकती है, मगर जंगल की आग का नहीं। अपने शत्रु की स्पष्ट पहचान हो जाने के बाद भी उसकी ताकत, उसके आकार अथवा उसकी सहयोगी ताकतों का आकलन करना अत्यन्त जरूरी है वरना इस आग में खुद हमारे ही हाथ जल सकते हैं। शत्रु आकार में जितना बड़ा होगा, उसे नष्ट करने के लिए उतने ही अधिक क्रोध और उतनी ही ज्यादा ताकत की जरूरत होगी, साथ ही क्रोध और ताकत को बढ़ाने के लिए उतने ही अधिक समय, धैर्य और सूझबूझ की जरूरत होगी। बड़े शत्रु को नष्ट करने के लिए अधिक समय लेने का दोहरा फायदा होगा। पहला तो यह कि हमारे क्रोध की ज्वाला भड़ककर और शक्तिशाली होती रहेगी। दूसरा यह कि हम धैर्य के साथ अधिक समझदारी और अधिक ताकत एकत्रित कर सकेंगे।

मन को साधें

क्रोध के बारूद से पहचान में आए शत्रु को नेस्तनाबूद करने की रणनीति का पाँचवाँ सूत्र है—क्रोध को विवेक के चिमटे से पकड़कर इसे धैर्य के पिटारे में बन्द करना। बुद्ध ने कहा है जो मनुष्य क्रोध के रथ पर सवार होकर इसकी लगाम नियंत्रण में ले ले, वही सफल जीवन का सारथी है। क्रोध रूपी बारूद को बटोरने से पहले कहीं यह स्वयं हमारा नुकसान न कर डाले, इसके लिए मन का थोड़ा पूर्वाभ्यास जरूरी है। जिन लोगों का मन क्रोध को पिटारे में पकड़ने का अभ्यस्त नहीं होता, वे क्रोध का उपयोग करने से पहले स्वयं ही हत्या, आत्महत्या, मारपीट अथवा तोड़-फोड़ जैसा कदम उठा बैठते हैं। क्रोध का हथियार के रूप में इस्तेमाल करने के लिए धैर्य अनिवार्य है।

क्रोध को पालना सीखें

अपने क्रोध का रचनात्मक उपयोग करने का छठा और सबसे महत्त्वपूर्ण सोपान है—क्रोध को सहेजकर इसे पालना। मुझे एक हिन्दी फिल्म का वह दृश्य अद्‌भुत लगता है, जिसमें नायक का पिता उसे यह सीख देता है कि बेटा, अपने क्रोध को पालना सीख। फिल्म का यह संवाद गांधीजी के जीवन के भीतर झाँकने पर अपना अर्थ स्वयं स्पष्ट कर देगा। गांधीजी ने अपने क्रोध को पाला तो देश से अंग्रेजों का सफाया कर डाला। गांधीजी जब दक्षिण अफ्रीका में रह रहे थे तो कुछ गोरों ने उन्हें सिर्फ अश्वेत होने के कारण रेलगाड़ी से धक्के मारकर बाहर निकाल दिया। गांधीजी ने अपने इस अपमान के क्रोध को पचास से अधिक वर्ष तक धैर्य के साथ पाला और अन्त में इस देश पर राज कर रहे गोरों का जो हश्र हुआ, वह इतिहास बन चुका है। जैसाकि ऊपर कहा गया है, शत्रु की ताकत और उसका आकार यदि बड़ा हो तो क्रोध और अपनी ताकत को भी उसके आकार का होने तक पाल कर रखना जरूरी है। क्रोध की अग्नि जलती रहे, इसके लिए जरूरी है कि जिस अन्याय, अपमान या उपेक्षा ने हमें आहत किया है, उसे हम हर उस समय याद करें जब हमारे अभियान का जोश ठंडा पड़ने लगे। दूसरी तरफ इस बात का ध्यान रखना भी जरूरी है कि क्रोध की अग्नि हमारे शरीर के भीतर सुलगकर हमारे स्वास्थ्य को खोखला न कर दे। इसके लिए बेहतर तरीका यह है कि हमारे क्रोध को जलाए रखने वाली घटना को या तो किसी डायरी में लिखकर रख दिया जाए अथवा इसका कोई प्रतीक बनाकर किसी ऐसी जगह टाँग दिया जाए जहाँ जब हम चाहें, यह हमें नजर आ सके।

क्रोध के बारूद के आगे शत्रु को काँपने दें

जब हमारा क्रोध हमारी ताकत को हमारे शत्रु के आकार से बड़ा बनाने में सफल हो जाए, जब हमें विश्वास हो जाए कि हम शत्रु को ललकारने की स्थित में आ पहुँचे हैं तो उस वक्त हमें चाहिए कि हम किसी भी रूप में शत्रु के सामने इस शक्ति का प्रदर्शन तो करें, मगर इस्तेमाल नहीं। गांधीजी के 'सत्याग्रह आन्दोलन' के दौरान स्वत: एकत्रित होने वाला जनसमूह अंग्रेजों के

कलेजे हिलाने के लिए काफी था। यद्यपि गांधीजी ने कभी भीड़ की इस ताकत का उनके खिलाफ कोई हिंसक इस्तेमाल नहीं किया। वे जानते थे, हिंसा का उत्पाद हिंसा ही है जो स्वयं हमें भी नुकसान पहुँचा सकती है। अपने भीतर वर्षों सहेजकर रखे गए उपयोगी क्रोध की अग्नि को इससे बड़ी ठंडक नहीं मिल सकती कि हमारा भीमकाय शत्रु हमारे समक्ष घुटने टेककर हमसे अपने वजूद की भीख माँग रहा हो और हमारे भीतर वर्षों से सुलग रही अग्नि के ताप पर शत्रु का अहंकार वर्षा की बूँद बनकर पिघल रहा हो। कहने का अर्थ यह है कि जब शत्रु के विनाश का समय आ भी जाए तो भी उस शत्रु पर प्रहार करने के बजाय उसे आतंकित करके समर्पण करा देना ज्यादा लाभप्रद है।

सबसे बड़ा रोग, क्या कहेंगे लोग

हममें से ज्यादातर लोगों ने उन बाप-बेटों की कहानी सुन रखी होगी जो अपने गधे को लेकर यात्रा पर निकले तो रास्ते भर उन्हें लोगों के उपहास के तीर झेलने पड़े। दोनों जब पैदल चले तो लोगों ने कहा कि देखो, गधा साथ में होते हुए पैदल चल रहे हैं। बाप गधे पर बैठा तो कहने लगे कि देखो, देखो मतलबी बाप को। बच्चे को पैदल चला रहा है और खुद मजे से गधे पर बैठा है। बेटा गधे पर बैठा तो कहने लगे कि लो, इसे जरा भी लिहाज नहीं है। बाप पैदल चल रहा है और बेशर्म बेटा गधे पर बैठा है। दोनों एक साथ गधे पर बैठ गए तो गधे को बेचारा बताकर लोग कहने लगे बेचारे जानवर की जान का तो थोड़ा खयाल रख लिया होता। सम्भव है, इन बाप-बेटों की आपबीती जानकर ही यह गीत लिखा गया होगा कि कुछ तो लोग कहेंगे, लोगों का काम है कहना।

यह सही है कि लोगों तक अपनी उपलब्धियों की जानकारी पहुँचाकर नाम कमाने की इच्छा ही हमें कुछ कर दिखाने के लिए प्रेरित करती है, मगर यही इच्छा हमें लोगों की राय का गुलाम बनाकर हमारी खुशियों का ग्रहण भी बन जाया करती है। मेरे एक बहुत अजीज दोस्त हैं राजीव मिश्रा। यह एक फर्टिलाइजर कम्पनी से हाल ही रिटायर हुए हैं। पिछले दिनों एक सेमिनार में उनका वक्तव्य सुनकर मैंने जब उन्हें शानदार भाषण के लिए बधाई दी तो उन्होंने यह कहकर हैरान कर दिया कि उन्होंने सिर्फ एक साल पहले ही जिन्दगी की पहली पब्लिक स्पीच दी है। वे अपनी युवावस्था से एक अच्छे वक्ता बनना चाहते थे, मगर पूरी जिन्दगी उन्होंने इस डर में गुजार दी कि अगर बोलते समय आवाज लड़खड़ा गई या वे कुछ भूल गए तो लोग क्या कहेंगे?

कई बार इनसान से खुद अपनी जिन्दगी में कुछ ऐसी गलतियाँ हो जाती

हैं जो उसकी बड़ी बदनामी का कारण बन जाती हैं। कभी-कभी निर्मल से निर्मल चरित्र पर भी यूँ कलंक लग जाता है, जैसे बसन्त के फूलों में कीड़ा। झूठी अथवा सच्ची बदनामी से आहत कई लोग आवेश में अपनी जान तक दाँव पर लगा बैठते हैं। जॉर्ज वाशिंग्टन की ऐसे लोगों को सलाह है कि अपने कर्तव्य पालन में निरन्तर प्रयत्नशील रहना और चुप रहना ही बदनामी का सबसे अच्छा जवाब है। मैं एक ऐसे डॉक्टर साहब को जानता हूँ जिन्हें सालों पहले इन्हीं से ईर्ष्या रखने वाले कुछ अन्य डॉक्टरों ने मात्र ढाई सौ रुपए की रिश्वत खाने के जुर्म में फँसवाकर सरकारी सेवा से बर्खास्त करवा दिया। घोर हताशा में डूबे डॉक्टर साहब को लगा कि हर इनसान अब उनसे सिर्फ नफरत करता है। उन्होंने अपने आपको अकेले कमरे में बन्द कर लिया और शराब का सहारा ले लिया। एक दिन बदरी नाम का उनका एक पुराना मुरीद अपने बच्चे का इलाज कराने उनके पास आ पहुँचा। डॉक्टर साहब ने अत्यन्त रूखे अन्दाज में बदरी को टोकते हुए कहा, "मैं तो भ्रष्ट डॉक्टर हूँ। मेरे पास क्या लेने आया है?" बदरी कहने लगा, "मेरे लिए तो पहले भी आप भगवान थे और आज भी वही हो।" डॉक्टर साहब यह जानकर हैरान रह गए कि सारे लोग उनसे नफरत नहीं करते। आज भी कुछ लोग उनके प्रति अच्छी सोच रखते हैं। बच्चे की हालत और बदरी का अपने प्रति विश्वास देखकर उनका सोया हुआ डॉक्टर फिर से जाग उठा। डॉक्टर साहब ने बगैर फीस लिए इलाज किया और दो दिन में बच्चा ठीक हो गया। बदरी के चेहरे की खुशी में डॉक्टर साहब को जीवन की एक नई किरण दिखाई दे गई और वे बगैर पैसा लिए निर्धनों का इलाज करने लगे। दरवाजे पर फिर पहले की तरह भीड़ रहने लगी। लोग भूल गए कि डॉक्टर साहब पर कभी कोई आरोप भी लगा था। आज न सिर्फ उनकी प्रैक्टिस पहले से कई गुना ज्यादा बेहतर चल रही है बल्कि वे एक नेक इनसान के रूप में पहले से कई गुना ज्यादा लोकप्रिय भी हैं।

जमाने का डर दिल से भगाने के सात नुस्खे

हममें से किसी की भी जिन्दगी में कभी कोई मौका ऐसा आ जाए कि जब जमाने वालों का डर हमारी नींद हराम कर दे तो इस डर को भगाने के लिए हमें यहाँ लिखे नुस्खों का प्रयोग करना चाहिए।

सबसे बड़ी अपनी खुशी

लोक भय से निजात पाने का सबसे बड़ा नुस्खा यह है कि जीवन में अपनी खुशी से बढ़कर महत्त्व किसी और बात को न दें। वही काम करें जिसके करने से खुद हमें खुशी मिलती हो बशर्ते खुशी का माध्यम सामाजिक हितों, लोक मर्यादाओं एवं मानवीय मूल्यों के खिलाफ न हो। इस बात की फिक्र कतई नहीं रहनी चाहिए कि अमुक काम लोग पसन्द करेंगे अथवा नहीं। कई बार ऐसा होता है कि हम अपने जीवन में कोई ऐसी नौकरी या व्यवसाय चुन लेते हैं जो हमारे परिवार के लोग पसन्द करते हैं, मगर हमें इस काम से कोई आत्मसन्तोष प्राप्त नहीं होता। ऐसी नौकरी अथवा व्यवसाय में घुसकर हम न सिर्फ जीरो साबित होते हैं बल्कि जिन्दगी के अन्त में एक भयानक अफसोस की दीवार के आगे खुद को खड़ा पाते हैं। मेरे एक मित्र हैं राजीव श्रीवास्तव। पचास की उम्र पार कर चुके हैं। एक बार उनसे बात हुई। कहने लगे, "जीवन की एक बड़ी हसरत थी कि गाना सीखूँ, मगर पहले पढ़ाई की चिन्ता में और फिर नौकरी की तलाश में सीख नहीं पाए। अब इस डर से सीख नहीं पाते कि लोग क्या कहेंगे? बूढ़ा तोता सीख रहा है?" मैंने उन्हें कई उदाहरण देकर गाना सीखने की हिम्मत बँधाई। उन्होंने मेरे एक मित्र की मदद से गाना सीखना शुरू किया और मात्र डेढ़ साल में वे पार्टियों में प्रस्तुति देने की हिम्मत जुटाने लगे हैं।

जो सम्भव नहीं उसे छोड़ दें

इस यथार्थ को समझना जरूरी है कि जो लोग जमाने को खुश करने के लिए जीते हैं वे भी पूरे जमाने अर्थात् सब लोगों को खुश नहीं कर सकते। हम अपना पूरा जीवन भी लोगों को खुश करने में लगा दें तो भी पन्द्रह, बीस या पच्चीस प्रतिशत लोग तो हम से नाखुश रह ही जाएँगे। हम अगर लोगों की नाखुशी की परवाह करते हैं तो इन पच्चीस प्रतिशत लोगों की नाराजगी के डर से उन 75 प्रतिशत लोगों को उस खुशी से वंचित कर देंगे जो उन्हें हमारे उस काम को किए जाने से मिलती। ऐसे में होना यह चाहिए कि बड़ी खुशी की खातिर छोटी नाराजगी को झेलने से कतई न घबराएँ। हमें खुलकर वह काम करना चाहिए जो हमें सबसे ज्यादा खुशी और आत्म सन्तोष देता हो। ऐसे काम में

हम अपना सौ प्रतिशत दे पाएँगे तथा वही काम लोगों के लिए भी उपयोगी होगा, जिसमें हमें महारथ हासिल होगी।

खुशी मनाएँ कि लोग आपसे नाराज हैं

हम अगर लोगों की नाराजगी के डर से कोई काम हाथ में लेने से डर रहे हैं तो यह भी समझ लें कि अगर हम यह काम करना छोड़ भी देंगे तो भी वे लोग हमसे खुश होने वाले नहीं जिनके डर से हम अमुक काम करना छोड़ रहे हैं। डेल कार्नेगी ने कहा है कि मरे हुए कुत्ते को कोई लात नहीं मारता। अगर लोग आपसे नाराज होते हैं तो मान कर चलें आप जिन्दा हैं और नकारा बैठने के बजाय कुछ-न-कुछ कर जरूर रहे हैं। अधिकतर लोग यह चाहते हैं कि वे खुद कुछ न करें तथा अन्य लोग भी हाथ पर हाथ धर कर ही बैठे रहें। बहुत-से ऐसे लोग जिन्होंने अपने दौर में अपना सर्वश्रेष्ठ करके दिखा दिया, वे भी एक मुकाम के बाद यह चाहते हैं कि उनके पीछे आने वाली पीढ़ी कुछ न करें ताकि उनके कामों का यश बगैर कोई नए काम किए भी बना रहे। ऐसे लोगों को खुश रखना है तो हमें हाथ पर हाथ धरे ही बैठे रहना होगा। हम काम करके आगे बढ़ेंगे तो इनकी नाराजगी सहना लाजिमी ही होगा।

मौके का फिर करें इन्तज़ार

जीवन में यदि हमारी किसी भूल के कारण समाज में हमें नीचा देखना पड़ जाए तो यह मान कर न चलें कि हमारी इज्जत हमेशा के लिए मिट्टी में मिल गई। जिस तरह जिन्दगी किसी मोड़ पर खत्म नहीं होती, उसी तरह प्रतिष्ठा को पुन: प्राप्त करने के मौके भी कभी खत्म नहीं होते। लोगों की याददाश्त बहुत छोटी होती है। धैर्य व प्रतीक्षा बदनामी से बाहर आने का सबसे बड़ा नुस्खा है। वक्त हर तरह के घाव को भर देता है तो हर तरह के दाग को भी धो देता है। अपनी किसी गलती से हीन भावनाग्रस्त होकर चुपचाप बैठ जाना, शेष जीवन को स्वयं अपने हाथ से नष्ट करने के समान है। पिछली गलती को धोने के लिए नए सिरे से किए गए प्रयास न सिर्फ शेष जीवन को सोद्देश्य बनाते हैं बल्कि कई बार हमारी किसी असाधारण सफलता के स्रोत भी बन जाते हैं।

सजा नहीं सबक

हमारी किसी भी गलती से मिली बदनामी को सजा मानने की बजाय एक सबक मानना बेहतर जीवन का नायाब नुस्खा है। किसी भी व्यक्ति के जीवन का आकलन उसके अच्छे और बुरे कामों के योग से किया जाता है। यदि बचे हुए जीवन में हम अच्छे कामों की तादाद बढ़ा लें तो हमारे कुल जीवन में अच्छे कामों का कुल योग बढ़ाया जा सकता है। ध्यान रहे, किसी भी इनसान की पहचान उसके अधिक संख्या में किए गए कामों की श्रेणी से होती है। सीता के परित्याग के निर्णय से भगवान राम को भी कुछ समय के लिए बदनामी मिली थी, मगर राम को उनके इस कार्य के लिए याद नहीं किया जाता। आज उन्हें उनके जीवन के श्रेष्ठ कार्यों के लिए ही याद किया जाता है, जिनकी संख्या उनसे हुई गलतियों से कई गुना ज्यादा है।

छोड़ दें खामखयाली

सौ में से लगभग निन्यानवे बार यह हमारा वहम ही होता है कि लोग हमारे बारे में कुछ कह रहे होंगे। जिन लोगों का गम हम दिन के चौबीस घंटे लेकर बैठ जाते हैं, उन लोगों के चौबीस घंटों में से चौबीस सैकंड भी ऐसे नहीं होते कि वे खुद अपने सिवा किसी और के बारे में सोच सकें। ज्यादातर हमारा खयाल लोगों को तब ही आता है जब हम या तो उनके रास्ते में आएँ या खुद जाकर उनसे अपने बारे में राय जानने की कोशिश करें। जमाने का डर मन से भगाने का पहला नुस्खा इस खुशफ़हमी को मन से निकालना है कि लोग हर समय हमारे ही बारे में सोचते रहते हैं। ऐसे लोग जिन्हें अपने उपलब्ध समय के लाखवें हिस्से में भी आपका खयाल नहीं आता, उन्हें लेकर इस खयाल से अपने जीवन के लाखों क्षण बर्बाद करना कहाँ की अक्लमन्दी है कि वे आपके बारे में क्या सोच रहे होंगे।

नजरें न चुराएँ, सामना करें

किन्हीं परिस्थितियों में हमें यदि मानहानि की स्थिति से गुजरना ही पड़ जाए, यहाँ तक कि हमारी प्रतिष्ठा समाचार-पत्रों अथवा अन्य संचार माध्यमों का

भी खिलौना बन जाए तो भी हमें भीड़ से भागने की गलती कभी नहीं करनी चाहिए। अनुभव यह बताता है कि दफ्तर हो या मुहल्ला, किसी व्यक्ति के बारे में नकारात्मक चर्चाएँ उसकी अनुपस्थिति में ही अधिक होती हैं। यदि गर्म चर्चाओं के दौरान ही हमने लोगों का सामना करने का साहस कर लिया तो धीरे-धीरे ये चर्चाएँ स्वयं ही दम तोड़ देती हैं। ऐसे बुरे वक्त में बजाय पलायन के, हमें चाहिए कि हम सम्बन्धित मीडिया संचालकों अथवा आम लोगों से मिलकर अपना पक्ष स्पष्ट करें। हम लोगों के बीच और उनके सामने रहकर अपने व्यवहार और अपने आचरण से यह साबित करें कि हम गलत नहीं हैं। यदि कोई गलती हो भी गई है तो हम इसे स्वीकार करके न सिर्फ इसे ठीक करने के लिए तत्पर हैं बल्कि अपने सही कार्यों के द्वारा इसका खामियाजा भरने को भी तैयार हैं। लोगों के बीच आपकी निरन्तर उपस्थिति दिन गुजरने के साथ-साथ आपकी आलोचनाओं का आकार छोटा करती चली जाएगी। दूसरी तरफ, इससे अलग यदि आपने पलायन या एकान्तवास का रास्ता अख्तियार कर लिया तो आपकी निन्दाओं का आकार दिन ब दिन बड़ा होता चला जाएगा और एक दिन आप लोगों के सामने आने का साहस पूरी तरह खो चुके होंगे।

भूलना भी एक नेमत है खुदा की

इम्तहान के दिनों में अक्सर हमारे नन्हे नौनिहाल इस बात के लिए कभी विधाता तो कभी अपने आपको कोसते देखे जाते हैं कि वे इतना-इतना याद करके भी सब कुछ भूल क्यों जाते हैं? काम-काजी पुरुष और महिलाओं को भी कई बार अचानक याद आए किसी भूले हुए काम पर अपना मस्तक ठोककर 'ओ माई गॉड' कहकर झुँझलाते देखा जाता है। यहाँ तक कि कुछ लोग तो अपनी भूलने की बीमारी को लेकर डॉक्टरों के घर के बाहर कतार में खड़े भी दिख जाते हैं, मगर इस बात पर ईश्वर का शुक्रिया अदा करते कोई दिखाई नहीं देता कि हे ईश्वर, तूने हमें भूलने की सौगात देकर हम पर कितना बड़ा उपकार किया है? भूल जाना कोई बीमारी भी नहीं। भूलने की प्रवृत्ति जीवन के लिए उतनी ही जरूरी है जितनी कि याद रखने की। फुलर नाम के एक सयाने ने कहा है, "युगों से अनुरक्त पिरामिड भी एक दिन अपने बनाने वालों के नाम विस्मृत कर जाते हैं।" सार्वेनटीज कहते हैं, "कोई ऐसी स्मृति नहीं है जिसे समय भुला न दे, कोई ऐसी पीड़ा नहीं है जिसे मृत्यु मिटा न दे।" किसी शायर ने कहा है,

भूलना भी है जरूरी याद आने के लिए,
दिल में रहना है तो थोड़ा दूर रहना चाहिए।

जितना भूलोगे उतना याद आएगा

सच तो यह है कि मनुष्य की भूलने की प्रवृत्ति में ही उसकी याददाश्त का बीज भी छिपा है, जिसे सिर्फ खोजने भर की जरूरत है। ओशो की किसी किताब

में मैंने एक मजेदार किस्सा पढ़ा था, जो आपको यहाँ निश्चय ही प्रासंगिक लगेगा। भभूतधारी एक फक्कड़ बाबाजी ने एक दिन गौर किया कि एक आदमी कई दिनों से उनकी कुछ ज्यादा ही सेवा कर रहा है। बाबाजी समझ तो गए, मगर फिर भी माजरा पूछ ही लिया। श्रद्धालु चेले ने मन की इच्छा बता दी कि कोई सिद्ध मंत्र चाहिए। बाबाजी ने बहुत इसकी फिज़ूलियत समझाई, मगर चेला अड़ ही गया तो बाबाजी ने एक कागज पर लिखकर दे दिया, 'गुड़-गुड़ गोला, कोका कोला।' कहा, "स्नान शुद्धि के बाद एक हजार एक बार जाप कर लेना। सिद्धि मिल जाएगी, मगर एक बात का ध्यान रखना। जाप के समय काले मुँह वाले बन्दर का ध्यान बिल्कुल भी नहीं आए।" चेला खुश-खुश घर पहुँचते ही सीधा बाथरूम में पहुँच गया स्नान के लिए। स्नान शुरू करते ही हिदायत याद आ गई वो स्साले काले मुँह वाले बन्दर का ध्यान रखना है...। बस, चेला जैसे ही सतर्क हुआ, काले मुँह के बन्दर की आकृति उसके जेहन में उभर आई। उसने झटककर खयाल को दूर हटाया तो आकृतियाँ एक से चार हो गईं। वह जैसे-जैसे बन्दर का खयाल भूलना चाहता, उनकी आकृतियों की संख्या बढ़ती जाती। चेला मंत्र तो भूल गया और बेतहाशा भागता हुआ बाबाजी के चरणों मे जा लेटा। कहने लगा, सिद्धि मंत्र छोड़िए, आप तो मुझे इन काले मुँह के बन्दरों से मुक्ति दिलाइए।" लब्बोलुआब यह है कि जो बात हमारे लिए चिन्ता का स्वरूप ले लेती है, वही हमारी स्मृति बन जाती है और जिस बात को लेकर हम बेफिक्र हो जाते हैं, वही विस्मृति।

भूलने की बीमारी से उठाने लायक सात फायदे

भूलने की बीमारी का इलाज कराने के बजाय हमें जरूरत है स्मृतियों के नियंत्रित प्रबन्धन की। भूलने की प्रवृत्ति कोई बीमारी नहीं बल्कि एक वरदान है, जिसका फायदा उठाकर जिन्दगी को स्वर्णिम बनाया जा सकता है।

भूलने में है खुशी

जैसाकि इस लेख की भूमिका में कहा गया है, हमारी याददाश्त का मूल हमारी चिन्ताओं में तथा भूल जाने का मूल बेफिक्री की आदत में है। ठीक इसके

विपरीत इसी बात को यूँ भी कहा जा सकता है कि हमारी चिन्ताओं की जड़ हमारी याददाश्त है तथा बेफिक्री का सबब हमारी भूल जाने की आदत। इस लिहाज से हम अगर ज्यादा-से-ज्यादा बेफिक्र और खुश रहना चाहते हैं तो अपनी भूल जाने की आदत का भरपूर पालन-पोषण करें। जो बातें जरूरी हैं, उन्हें दिमाग में रखने के बजाय डायरी या लैपटॉप में रखें। हमारा जेहन निरर्थक चिन्ताओं से मुक्त रहेगा।

ध्यान को परम आनन्द तक पहुँचने का सर्वश्रेष्ठ तरीका माना गया है, मगर जो लोग ध्यान के बारे में जानकारी रखते हैं, वे इस बात से सहमत होंगे कि ध्यान की क्रिया हमें तात्कालिक रूप से विस्मृति की ओर ले जाती है। हमारे जेहन में अनावश्यक रूप से घुमड़ रहे अनियंत्रित विचारों को एक-एक करके विस्मृत करने पर ही हमारा चित्त निर्मल और शान्त हो सकता है तथा तब ही हमारे मन को वास्तविक आनन्द की प्राप्ति होती है। यही आनन्द दरअसल हमारे मस्तिष्क की रिचार्जिंग का कार्य करता है।

रिसाइकिल बिन

बड़े से बड़े इंजीनियर और डॉक्टर इस बात को मानते हैं कि मानव मस्तिष्क से बड़ा कम्प्यूटर कोई हो नहीं सकता। चूँकि हर कम्प्यूटर की हार्ड डिस्क में मेमोरी की एक सीमा होती है, अत: इसमें नया डेटा डालने के साथ-साथ पुराने को डिलीट करते जाना जरूरी है। यदि हम ऐसा नही करेंगे तो निश्चय ही रैम की क्षमता और प्रोसेसर की रफ्तार पर असर पड़ सकता है। कुदरत से मिले भूलने के गुण की भी खासियत यह है कि यह याद की पुरानी फाइलों को रिसाइकिल बिन में डालता अवश्य है, मगर इन्हें जब चाहें रीस्टोर किया जा सकता है। अत: मस्तिष्क के काम करने की रफ्तार बढ़ाने के लिए सायास भूलने की प्रक्रिया जरूरी है।

शरीर का सेफ्टी वॉल्व

उतार-चढ़ाव से भरपूर जिन्दगी में कई बार हादसों के ऐसे आघात दिल पर लगते हैं जिनके जख्म हमें भीतर तक तोड़कर रख देते हैं। यादें यदि कुरेदती

ही रहें तो चौबीसों घंटे हम सोना-खाना सब छोड़कर सिर्फ उस हादसे को याद करके रोते ही रहेंगे। अन्ततः हमारी पीड़ा हमारे स्वास्थ्य को खोखला करके रख देगी। हम जितने बड़े भुलक्कड़ होंगे, हमारी भूलने की कथित बीमारी किसी भी अपने की मौत, किसी दुर्घटना या अपने अपमान की घटना से हमें उतनी ही जल्दी उबारने में मदद करेगी। जीवन में खुशियों की अवधि लम्बी रखने के लिए भूलने की इस आदत का भरपूर फायदा उठाना चाहिए।

चिकित्सा विशेषज्ञों का यह मानना है कि अधिकांश दुर्घटनाओं के दौरान दुर्घटना का शिकार होने वाले व्यक्ति की मौत किसी चोट की बजाय हृदयाघात से अधिक होती है अर्थात् इस हादसे का मन पर जो प्रभाव होता है, वही मनुष्य के लिए घातक सिद्ध होता है। प्रकृति ने ऐसी स्थितियों में व्यक्ति के बेहोश हो जाने का सेफ्टी वॉल्व शरीर के भीतर लगाया है ताकि मनुष्य उस हादसे को भूलकर भीतर ही भीतर उस जख्म को ठीक होने की प्रक्रिया को सहज हो जाने दे।

एकाग्रता के लिए जरूरी

किसी भी काम को इसके श्रेष्ठतम रूप में अंजाम देने के लिए अपना सौ प्रतिशत देना और सौ प्रतिशत देने के लिए इसके प्रति सौ प्रतिशत एकाग्रता रखना जरूरी है। मगर यदि हम से जुड़े सारे काम और जिम्मेदारियाँ हमें एक साथ हर समय याद आते रहेंगे तो हम किसी भी एक काम पर अपना सौ प्रतिशत ध्यान नहीं लगा पाएँगे। ऐसी स्थिति में हम प्राथमिकता की दृष्टि से सर्वाधिक महत्त्वपूर्ण काम करते समय इसके पूरा हो जाने तक अन्य कामों के प्रति अपनी भूलने की बीमारी का पूरा फायदा उठा सकते हैं।

कल्पना कीजिए, यदि आप में भूलने की शक्ति नहीं होती और आपको अपने दफ्तर की महत्त्वपूर्ण समस्या का समाधान सोचते समय अपनी पत्नी की फरमाइश, माँ की बीमारी, पिता की कही हुई बातें, बेटे का भविष्य—सब एक साथ याद आ रहे होते। क्या ऐसे में आप अपना दफ्तर के जरूरी काम निपटा पाते?

अभिशाप के वेष में वरदान

भूलने की बीमारी ने खुद मेरे जीवन में कई बार अभिशाप में छिपे वरदान का काम किया है। रिश्तों की सेहत के हित में अनुभवी जन कहते हैं कि भूलो और माफ करो। मेरे जैसे संवेदनशील व्यक्ति के लिए किसी की गलती को माफ करना आसान नहीं है, मगर मेरे कई रिश्ते इसलिए कायम रह जाते हैं कि मैं बहुत-सी बातों को न चाहते हुए भी भूल जाता हूँ। मुझे याद है, मेरे बचपन का एक अभिन्न मित्र मेरे एक पारिवारिक आयोजन में निमंत्रण के बावजूद नहीं आया। मैंने इसे बहुत गम्भीरता से लिया और निश्चय किया कि इसे भूलना नहीं है। कुछ माह बाद यही मित्र अपने पुत्र के विवाह का निमंत्रण पत्र लेकर मेरे घर आया। परिवार सहित इस विवाह में जाकर लौटने के बाद मुझे याद आया कि इस मित्र से तो बदला लेना था। खैर, मैंने सोचा कि अगले दिन फोन करके इसे खरी-खरी सुनाना जरूरी है। अगले दिन मैं फिर से फोन करना भूल गया। संयोग से तीसरे दिन मेरी माताजी का देहावसान हो गया। मेरे जीवन की इसी कठिनतम घड़ी में इसी मित्र ने पूरे समय मेरे साथ बने रहकर मेरे प्रति अपनी प्रगाढ़ता का प्रमाण दिया और मैंने शुक्रिया अदा किया अपनी भूलने की बीमारी का।

नाराजगियों से बचाती है

भूलने की बीमारी का फायदा सिर्फ पुराने रिश्तों को बचाने में ही नहीं, नए दुश्मन बनने से रोकने के लिए भी उठाया जा सकता है। मेरा सुझाव है कि अपनी भूलने की आदत को न सिर्फ पालिए बल्कि अपनी इस आदत का इस कदर प्रचार भी कीजिए कि आप इसके लिए बदनाम ही हो जाएँ। मेरी धर्मपत्नी मेरी ओर से अक्सर मेरा यह काम किया करती है। अपनी व्यावसायिक प्रकृति के कारण रोजमर्रा की जिन्दगी में लोग बहुत-से ऐसे काम लेकर मेरे पास आते हैं, जिनका न तो किया जाना सम्भव है और न ही मना किया जाना। मेरी पत्नी ऐसे लोगों को मेरी भूल जाने की आदत के रोचक किस्से सुना-सुनाकर मुझे लोगों की नाराजगी से बचा लेती है। हमें चाहिए कि हम अपनी भूलने की बीमारी की जानकारी अधिक-से-अधिक लोगों तक पहुँचाकर अपने प्रति उनके मन की कड़वाहट को निश्चय ही कम कर सकते हैं।

मस्तिष्क का विश्राम

किसी भी व्यक्ति, व्यवस्था या मशीन की क्षमता बढ़ाने या इसका श्रेष्ठतम उपयोग करने के लिए इसे बीच-बीच में विश्राम देना जरूरी है। हमारे मन, मस्तिष्क और शरीर को विश्राम देने के लिए ईश्वर ने हमें नींद की सौगात दी है, मगर मस्तिष्क की कार्यक्षमता बढ़ाने के लिए हमारे पूर्वजों ने योग और ध्यान का आविष्कार किया है। ध्यान, जिसे हम मेडिटेशन भी कहते हैं, दरअसल ध्यान नहीं अध्यान है। इसका अर्थ है, जिन बातों की ओर हमारा बार-बार ध्यान जाता है, उनसे ध्यान हटाना। इस अध्यान अथवा ध्यान की सफलता के कार्य में हमारी भूलने की सौगात हमारी भरपूर मदद कर सकती है। हम जितना अधिक चीजों को भूलते जाएँगे, ध्यान की गहराइयों में उतने ही गहरे उतरते चले जाएँगे। जितने गहरे हम उतरते जाएँगे, ईश्वर द्वारा हमें मिलीं पुनर्निर्माण की शक्तियाँ उतनी ही जाग्रत होती चली जाएँगी। इस तरह हमारी भूलने की प्रकृति ही हमारी याददाश्त का सूत्र बन जाएगी।

जीने नहीं देती प्रसिद्धि की बीमारी

कहते हैं, स्वामी राम कृष्ण परमहंस के पास एक दिन एक धन्ना सेठ आया और कहने लगा, "स्वामीजी, मैं आपकी खातिर कुछ करना चाहता हूँ।" स्वामीजी ने अपने जाने-पहचाने अक्खड़ से अन्दाज में जवाब दिया कि बच्चा, जो कुछ मेरे लिए जरूरी है, वो (ऊपर हाथ करके) कर देता है और जो वो नहीं करता, वो मैं मानता हूँ मेरे लिए जरूरी ही नहीं है। सेठ अड़ गया, "नहीं, आप टालने के लिए यह सब कह रहे हैं। मेरे लिए कोई तो सेवा बतानी ही होगी।" नहीं माना तो स्वामीजी ने उसे यह कहकर रवाना किया कि मेरे नाम पर ही कुछ करना चाहता है तो ऐसा कर कि एक हजार सोने की गिन्नियाँ ले जाना और मेरा नाम लेकर गंगाजी में डाल देना। सेठ अवाक्। मन ने स्वीकार नहीं किया, मगर धर्म का भय भी था। रात भर सोचने के बाद सुबह 4 बजे ही गंगा घाट पर पहुँच गया। गिन्नियों से भरी थैली उठाकर फेंकने ही वाला था कि खयाल आया कि इतना बड़ा त्याग करूँगा, मगर अभी यह सब देखने वाला तो कोई है ही नहीं। थोड़ी देर में कुछ लोग इकट्ठे हो जाएँ। उनके सामने फेंकूँगा तो ठीक रहेगा। उजाला होते ही नहाने के लिए लोग आ पहुँचे। थैली फेंकने के लिए फिर हाथ बढ़ाया, मगर फिर विचार आया, थैली की थैली फेंक दूँगा तो इतने बड़े त्याग की किसी को भनक तक नहीं लगेगी। लोग समझेंगे, कोई फालतू कचरा-वचरा थैली में बाँधकर फेंक दिया दिखता है। काफी सोच-विचार के बाद उसने थैली खोलकर सारी गिन्नियाँ घाट की सीढ़ियों पर बिखेर डालीं। इस पर भी किसी का ध्यान उसकी ओर नहीं हुआ तो उसने गिन्नियाँ धोबे में भर-भर कर सीढ़ियों पर ही छोड़ना शुरू कर दिया। जब भी कोई व्यक्ति उसकी ओर देखता, वह एक-एक गिन्नी उठाता और

गंगा में फेंकता जाता। एक हजार गिन्नियाँ त्यागने में उसने पूरा दिन खर्च कर डाला मगर मन से यह मलाल नहीं जा सका कि एक हजार गिन्नियाँ गँवा कर भी वो मजा नहीं आया जो आना चाहिए था।

जिस मजे की उम्मीद हमारे सेठ साहब को थी, स्वामी राम कृष्ण इसे पहले से जानते थे और वे इसी का इम्तिहान लेना चाहते थे। तत्व ज्ञानी इस भावना को भले लोकेषणा कहते हों, मगर सच तो यह है कि यही भावना इस दौर में हम सब का जीवन मंत्र बन चुकी है। जो लोग कहा करते थे कि नेकी कर दरिया में डाल, वही अब कहते हैं कि नेकी कर अखबार में डाल। अब तो नेकी करना भी जरूरी नहीं, मगर अखबार में नाम आना जरूरी है। रोज इसी तरह की कोई खबर अखबार में पढ़ने को मिल जाती है। फुटबाल के मैदान में एक युवक इसलिए नंगा दौड़ गया ताकि टी.वी. पर उसकी तस्वीर आ सके। युवती ने भरी भीड़ में एक राजनीतिक दल के नेता का इसलिए चुम्बन ले लिया ताकि उसका नाम अखबार में छप सके। आतंकवादियों के संगठन इसलिए आतंकी घटनाओं की जिम्मेदारी लेते हैं ताकि उनका नाम हो सके। प्रसिद्ध होने का यही जुनून जब बीमारी की हद तक पहुँच जाए तो इसका इलाज करा लेना बेहतर है। यह बीमारी वह है जो इनसान को चैन से सोने नहीं देती, स्वाद से खाने नहीं देती और सुकून से जीने नहीं देती।

प्रसिद्धि की बीमारी दूर करने के लिए काम की सात बातें

प्रसिद्ध होने की बीमारी से पीड़ित लोगों के खुद अपने इलाज के लिए काम की सात बातें यहाँ प्रस्तुत हैं।

प्रसिद्ध लोगों को भी सब नहीं जानते

प्रसिद्ध होने की धुन में सुध-बुध खोकर बैठे लोगों को सबसे पहले अपने मन का यह वहम निकाल देना चाहिए कि जो लोग प्रसिद्ध हो जाते हैं, उन्हें दुनिया के सारे लोग जानने लग जाते हैं। सच्चाई दरअसल यह है कि विश्व प्रसिद्ध माने जाने वाले लोगों का नाम तक दुनिया की आधी से ज्यादा आबादी को मालूम नहीं होता। हम अगर अल्पशिक्षित लोगों को अलग रख भी दें तो

भी दुनिया के अनेक ऐसे दुकानदार, छोटे पदों पर कार्यरत नौकरीपेशा, गाँव के बाशिन्दे, गृहिणियाँ, यहाँ तक कि छोटी कक्षाओं के कई शिक्षक ऐसे हैं, जिन्हें डोनाल्ड ट्रम्प, अब्दुल कलाम, नरेन्द्र मोदी के बारे में ठीक से जानकारी होना तो दूर, इनका नाम तक मालूम नहीं है। दुनिया की आबादी का एक बहुत बड़ा हिस्सा ऐसा है जिसे दो वक्त की रोटी और अपने परिवार से बाहर की कोई खबर नहीं रहती। ऐसे में प्रसिद्ध माने जाने व्यक्तियों का भी दुनिया की इस बड़ी आबादी की नजर में कोई महत्त्व नहीं है। इसका सीधा-सा अर्थ यह भी है कि जग प्रसिद्ध लोगों को भी पूरा विश्व नहीं विश्व के सिर्फ काफी संख्या में लोग जानते हैं।

प्रसिद्धि का अर्थ सफलता नहीं

'प्रसिद्धि' नाम की बीमारी से कुंठित लोग अकसर इस वहम के भी शिकार देखे जाते हैं कि जो लोग प्रसिद्ध हैं, सिर्फ वे ही सफल हैं जबकि दुनिया के सफल लोगों की संख्या प्रसिद्ध लोगों से लाखों गुना ज्यादा है। अमेरिका के लोग जैफरसन को 'लोकतंत्र का पिता' कहते हैं जबकि इससे कहीं पहले यूनान के नगर राज्यों में क्लीस्थीनस ने लोकतंत्र का सफल संचालन कर लिया था। इसका अर्थ यह है कि सफल तो क्लीस्थीनस भी था, मगर प्रसिद्ध सिर्फ जैफरसन हुआ। रोमन पोप का जिक्र आते ही लोग कैलेंडर के प्रथम निर्माता सेंट ग्रेगरी महान को याद करते हैं, मगर पोप सेन्ट लियो महान को कोई याद नहीं करता, जिन्होंने क्रूर हमलावर एटिला को अपने प्रभाव से लौटाया न होता तो रोम साम्राज्य का वजूद ही न होता। इस बात को समझना जरूरी है कि हर होनहार और सफल व्यक्ति प्रसिद्ध भी हो, जरूरी नहीं।

प्रसिद्धि लोकप्रियता भी नहीं

उपरोक्त स्थिति के विपरीत प्रसिद्धि के कुछ बीमार लोग प्रसिद्धि को ही सफलता मानने का वहम पाल बैठते हैं, मगर प्रसिद्धि और लोकप्रियता दो अलग-अलग चीजें हैं। रावण से लेकर नाथूराम गोडसे तक को उतने ही लोग जानते हैं जितने कि राम से लेकर महात्मा गांधी तक को, मगर ऐसी प्रसिद्धि न तो किसी और को खुशी दे सकती है न ही खुद को। सड़क पर नंगी दौड़

लगाकर किसी व्यक्ति ने एक दिन के लिए अपना नाम मीडिया में उजागर भी करवा लिया तो यह नकारात्मक सफलता उसे कितने दिन खुशी दे पाएगी, यह वही जान सकता है। जाहिर है, प्रसिद्धि का मन की खुशी से कोई रिश्ता नहीं होता। प्रसिद्धि नकारात्मक भी हो सकती है, मगर लोकप्रियता का अर्थ यह है कि लोग आपको जानने के साथ-साथ दिल से प्यार भी करें। वे आपके शुभचिन्तक होने के साथ-साथ आपकी सफलता में अपनी खुशी महसूस करें।

सफल व्यक्ति या उपयोगी औजार

हो सकता है, कुछ समझदार लोग प्रसिद्धि और अच्छे काम करके हासिल की गई लोकप्रियता के बीच का अन्तर समझते हों, मगर वे भी अगर लोकप्रिय होने के लिए अच्छे काम कर रहे हों तो ठीक से समझ लें कि लोकप्रियता की इच्छा से किए गए उनके अच्छे काम भी उन्हें खुशी नहीं दे सकेंगे। लोकप्रियता के पैमाने पर आपका ग्राफ ऊपर आते ही आपको यह जानकर हैरत होगी कि आपके प्रभाव से आकर्षित मतलब के सौदागरों की भीड़ तो आपके चारों ओर बढ़ गई है, मगर आपको दिल से चाहने वाले आपके सच्चे शुभेच्छुओं की संख्या अचानक सिकुड़ गई है। जैसे ही किसी व्यक्ति पर सफलता या प्रसिद्धि का ठप्पा लगता है, उसके इर्द-गिर्द के लोग यहाँ तक कि पहले जो उसके सच्चे मित्र हुआ करते थे, वे भी उसे काम निकालने का एक यंत्र समझने लगते हैं और एक दिन भारी भीड़ से घिरा यही व्यक्ति वास्तविक अर्थों में नितान्त अकेला रह जाता है।

निजता की शत्रु है प्रसिद्धि

प्रसिद्धि का एक बड़ा साइड इफेक्ट यह है कि प्रसिद्धि इनसान से उसकी निजता का सुख छीन लेती है। आप न अपने परिवार के साथ कहीं खड़े होकर पानी पताशों का आनन्द ले सकते हैं न पानी के किनारे बनियान पहनकर रेत में लोट सकते हैं। प्रसिद्धि के बोझ और गुमनामी के आनन्द को कोई प्रसिद्ध व्यक्ति एक बार फिर से महसूस करना चाहे तो उसे चाहिए कि वह किसी दिन गुमनामी की नकाब चेहरे पर लगाकर खुली सड़क पर धूप, छाँव, हवा

और बरसात का आनन्द लेकर देखे। उसे महसूस हो जाएगा, गुमनाम जिन्दगी प्रसिद्धि की अपेक्षा कितनी हसीन है?

हर समय गिरने का डर

लोकप्रियता किसी पहाड़ी के ऐसे शिखर की तरह है, जिसके शीर्ष पर जगह संकरी है तथा दूसरी ओर भयानक ढलान। संकरी जगह पर न तो ज्यादा लोग एक साथ एकत्रित हो सकते हैं और ढलान की वजह से न ज्यादा देर एक ही जगह रुके रह सकते हैं। चूँकि सृष्टि का नियम गतिमान रहना है, अत: जरूरी है कि आप भी निरन्तर गतिमान रहें और अपने पीछे आने वाली भीड़ को भी गतिमान रहने का अवसर दें। शीर्ष पर पहुँचकर गतिमान रहने का अर्थ निश्चित रूप से ढलान पर नीचे की ओर बढ़ना ही है। संकरे शिखर और ढलान के मुहाने पर खड़े व्यक्ति को हर समय इस बात के लिए चौकन्ना रहना होगा कि भीड़ का धक्का उसे अपने स्थान से हिलाकर गहरी खाई में न फेंक डाले। यदि आप किसी प्रसिद्ध अथवा लोकप्रिय व्यक्ति से मिलेंगे तो जान पाएँगे कि कैसे-कैसे भय उसके दिमाग में चौबीसों घंटे डेरा जमाए रहते हैं। कहीं लोग उसे भूल तो नहीं रहे हैं? कहीं उसकी लोकप्रियता का ग्राफ नीचे तो नहीं जा रहा है? ढलान पर लुढ़कने का भय असफलता के भय से अधिक भयानक होता है।

परोक्ष कीर्ति ही रहती है स्थायी

स्वर्णिम सूत्र यह है कि बगैर सफलता, प्रसिद्धि या लोकप्रियता को लक्ष्य बनाए वे काम किए जाएँ जो या तो आपको या लोगों को अच्छे लगते हों। आपके सीधे सम्पर्क में आने वाले लोगों के माध्यम से आपका श्रम, सेवा अथवा हुनर अन्य लोगों तक पहुँचेगा। परोक्ष रूप से लोगों तक पहुँचने वाली आपकी कीर्ति की खबर जब एक एक व्यक्ति के माध्यम से आपके पास लौटकर आएगी तो आपको उस खबर से कई गुना ज्यादा खुशी देगी जो अखबार में एक ही दिन छपकर कुछ ही मिनटों में काफूर हो जाने वाली है। परोक्ष रूप से मिली कीर्ति निरन्तर खुशी देने वाली और हमेशा कायम रहने वाली है।

धीरे चलें, देर तक चलें, दूर तक चलें

यह सच है कि जीने के लिए चलना जरूरी है, मगर हम चलते रहें, इसके लिए जीते रहना भी बेहद जरूरी है। प्रकृति की ओर देखें तो हम पाएँगे कि इसमें वही चीजें लम्बे समय से कायम हैं जो निरन्तर चल रही हैं। सूरज, चाँद, पृथ्वी और तारे—ये सब इसलिए कायम हैं क्योंकि ये निरन्तर चल रहे हैं। प्रकृति के स्वचालित यंत्र की प्रकृति भी ऐसी ही है। गति से ऊर्जा पैदा होती है और ऊर्जा से गति। आकाश का एक तारा भी अगर चलना छोड़ देता है तो वह अपने परिक्रमण कक्ष से बाहर होकर नक्षत्र में अपना वजूद खो देता है। दूसरी तरफ, यह भी सच है कि प्रकृति के तंत्र में हर किसी की गति पहले से निर्धारित है। इनमें से यदि कोई भी एक अपनी निर्धारित गति से तेज चलना शुरू कर देगा तो यह न सिर्फ नक्षत्र मंडल में अफरा-तफरी पैदा कर देगा बल्कि खुद अपना जीवन भी दाँव पर लगा देगा।

प्रकृति का यही नियम प्रकृति पुत्र मनुष्य पर भी लागू होता है। शरीर विज्ञानियों ने अपनी शोध के आधार पर यह साबित किया है कि मनुष्य के हाथ और पैरों में कुछ ऐसे बिन्दु अवस्थित हैं जो ठीक उसी तरह काम करते हैं, जैसे कार अथवा स्कूटर की बैटरी। वाहनों की बैटरी इनके चलने से चार्ज होती है। इसी तरह मनुष्य के हाथ और पैरों के बिन्दु मनुष्य के हाथ से काम करने अथवा चलने-फिरने से पड़ने वाले दबाव के फलस्वरूप हृदय की बैटरी को चार्ज करते हैं, मगर यही गति मनुष्य के जीवन को खतरे में डाल सकती है यदि यह अपने लिए निर्धारित सीमा को तोड़ दे।

यह सही है कि समय के साथ दौड़ना जरूरी है, मगर दौड़कर मंजिल तक पहुँचना भर ही जिन्दगी नहीं है। जिस तरह रास्ते के बगैर मंजिल का

कोई वजूद नहीं है, ठीक उसी तरह जीने के बगैर जिन्दगी का कोई अर्थ नहीं है। जो लोग हैलिकॉप्टर से वैष्णों देवी के मन्दिर तक पहुँच जाते हैं वे उस खूबसूरत रास्ते में आने वाले दृश्यों से वंचित रह जाते हैं जिन्होंने इस स्थान को पूरी दुनिया में लोकप्रिय बनाया है। यही बात जिन्दगी पर भी लागू होती है। जिन्दगी के श्रेष्ठतम पन्ने को मनुष्य ने यदि सबसे पहले पढ़ लिया तो शेष किताब पढ़ने में दिलचस्पी क्या रह जाएगी अपने इच्छित लक्ष्य पर यदि पलक झपकते ही हम पहुँच गए तो इसके बाद की जिन्दगी हमारे लिए हताशा का कारण बन जाएगी।

इमर्सन ने कहा है, प्रकृति का अनुसरण करो। धैर्य उसका रहस्य है। समय से पहले कोई फल स्वाद नहीं दे सकता। यह भी कहा गया है कि

धीरे धीरे रे मना धीरे सब कुछ होय।
माली सींचे सौ घड़ा रुत आए फल होय॥

निरन्तर, किन्तु मंथर चलने के सात अतिरिक्त फायदे

धीरे, मगर निरन्तर चलते रहने वाला व्यक्ति जीवन के आनन्द से कभी वंचित नहीं हो सकता। ऐसा व्यक्ति अपनी दृढ़ इच्छा शक्ति की बदौलत मंजिल तक तो पहुँचता ही है, इसके साथ-साथ वे स्वादिष्ट फल अतिरिक्त रूप से पाता है जो धैर्य के वृक्ष को वर्षों सींचने के बाद मिलते हैं। मंथर गति से आगे बढ़ने वाले लोगों को तेज चलने वालों की अपेक्षा जो सात अतिरिक्त फायदे होते हैं वे इस प्रकार हैं।

दुर्घटना से देर भली

राजमार्गों पर यात्रा करते समय हमने अकसर यह स्लोगन पढ़ा होगा कि दुर्घटना से देर भली। जिन्दगी के सफर में भी यह सलाह शत-प्रतिशत सही साबित होती है। मंजिल तक पहुँचने की जल्दबाजी अक्सर हमें शॉर्टकट्स ढूँढ़ने पर मजबूर करती है तथा शॉर्टकट्स निश्चय ही जोखिम भरे हुआ करते हैं। सफलता की ओर तेजी से बढ़ने की धुन में हम अपने विवेक और बुद्धि

का ठीक से उपयोग नहीं कर पाते और गलतियाँ कर बैठते हैं। मंथर गति हमें ठीक से सोचने और निर्णय लेने का समय देती है।

अनुभव की मध्यम आँच

जिस तरह धीमी आँच में सिंकी रोटी ज्यादा स्वाद देती है, ठीक उसी तरह धीमी रफ्तार के बाद मिली सफलता न सिर्फ ज्यादा आनन्द देती है बल्कि ऐसी सफलता की उम्र भी लम्बी हुआ करती है। धीमी रफ्तार से जिन्दगी की गाड़ी हाँकने वाले इनसान की नजर सिर्फ मंजिल पर नहीं, राह के नजारों पर भी रहती है। जिन्दगी के आड़े-तिरछे मोड़, राह के गड्ढे, कंटीली पगडंडियाँ, फूलों से लदी वादियाँ और हरियाले पहाड़ों को अगर हम मन से छूते हुए सफर करें तो ये सब हमारे अनुभव की किताब के पन्ने बन जाते हैं और हमारा व्यक्तित्व उस लकड़ी की तरह बनता है जिसे धूप, बरसात और छाया में बारी-बारी से रखा गया हो।

स्लो एंड स्टीडी विन्स द रेस

बचपन में हर किसी ने खरगोश और कछुए की कहानी तो सुनी ही होगी। इसी कहानी के सार स्वरूप शायद यह कहावत बनी है, स्लो एंड स्टडी विन्स द रेस। तेज दौड़ने वाला व्यक्ति अति आत्मविश्वास का शिकार होने के साथ-साथ जल्द ही हाँफ कर रुकने के लिए विवश हो जाता है जबकि धीमी चाल से व्यक्ति की क्षमता स्थिर रहती है और वह निरन्तर चलते रहने में कामयाब होता है। दौड़ने वाला व्यक्ति थोड़ी-सी उपलब्धियों के बाद ही अपना सफर समाप्त मान बैठता है जबकि धीमे मगर निरन्तर चलने वाला व्यक्ति मृत्यु आने तक चलना नहीं छोड़ता और दौड़कर आगे निकले व्यक्ति को एक दिन पीछे छोड़कर ही रहता है।

सबका साथ

मंथर रफ्तार से चलने वाला व्यक्ति, जैसाकि ऊपर कहा गया है, सफर के दौरान रास्ते के दोनों ओर आने वाले अच्छे-बुरे दृश्यों पर नजर डालता चलता

है। यही व्यक्ति जिन्दगी के सफर में मिलने वाले सहयात्रियों से मैत्री का अवसर भी जुटा पाता है। सफर को आनन्द का अवसर मानने वाला व्यक्ति न सिर्फ नए मित्र बनाकर अपनी खुशियों को कई गुणा बढ़ाता है बल्कि अपने परिजनों, बाल सखाओं और शुभचिन्तकों का सान्निध्य संजोये रखने का सौभाग्य भी प्राप्त करता है। सिर्फ मंजिल की धुन में दौड़ते रहने वाला व्यक्ति इन सबको पीछे छोड़कर अन्त में सबसे आगे, मगर सबसे अकेला रह जाता है।

इन्तज़ार की लज्जत

किसी शायर ने कहा है,

ऐसी ही इन्तज़ार में लज्जत अगर न हो,
तो दो घड़ी फिराक में अपनी बसर न हो।

चाहत की हर चीज अगर चाहते ही मिल जाए तो जिन्दगी में कोई मजा बाकी न रहे। इनसान के अपने सभी लक्ष्य अगर 25-30 बरस की उम्र में पूरे हो जाएँ तो शेष जिन्दगी उसके लिए पहाड़-सा बोझ बन जाएगी। लम्बी जिन्दगी को गुजारने के लिए कोई लक्ष्य या काम जरूरी है। जिन्दगी में आखिरी समय तक रस बनाए रखने के लिए लक्ष्यों को थोड़ा-थोड़ा खर्च करना ही बेहतर है। यदि समय थोड़ा ज्यादा बच रहा है तो इसे मित्रों के साथ गपिया कर, संगीत का आनन्द उठाकर या अपने भीतर की किसी रचनात्मक प्रवृत्ति को मुखर करके खर्च किया जा सकता है।

तरक्की के बाद देखनी न पड़े कभी ढलान

एक गीत की पंक्तियाँ कुछ इस प्रकार हैं :

तू न चलेगा तो चल देंगी राहें,
मंजिल को तरसेंगी तेरी निगाहें।

चूँकि सर्वोच्च ऊँचाई पर जगह बहुत थोड़ी होती है और इस पर पहुँचने के आशार्थियों की कतार लम्बी। ऐसे में यदि हमने आपाधापी करके अपनी

जिन्दगी का सर्वोच्च लक्ष्य बहुत छोटी उम्र में पा भी लिया तो हमें इस पर टिके रहने के लिए निरन्तर संघर्ष करते रहना पड़ेगा। यदि हम रुके रहने की कोशिश करेंगे तो आने वाली भीड़ हमें आगे धकेल देगी और यदि हम आगे बढ़ेंगे तो ढलान का रास्ता चुनना पड़ेगा। कम उम्र में सर्वोच्च ऊँचाई देख चुकने के बाद तलहटी किसी को अच्छी नहीं लगती। एक और शायर ने कहा है,

खुदा करे तू बामे उरूज़ पे जाकर,
किसी को देख सके सीढ़ियाँ उतरते हुए।

बेहतर यही है कि हम सर्वोच्च मुकाम तक पहुँचते-पहुँचते इतने परिपक्व हो जाएँ कि ऊँचाई और निचाई का भेद ही हमारी नजर में खत्म हो जाए।

झुलसाती नहीं ईर्ष्या की आग

मंथर एवं निरन्तर गति से चलने का सबसे बड़ा लाभ यह है कि ऐसा करने वाले व्यक्ति को तरक्की के सफर में अनावश्यक विरोधों एवं टकरावों का सामना करके बेवजह अपनी ऊर्जा बर्बाद करने की जरूरत नहीं पड़ती। तेज दौड़ने वाला व्यक्ति यदि दौड़ने के बाद भी हार जाता है तो उपहास का पात्र बनता है और जीत जाता है तो प्रतिस्पर्धियों की ईर्ष्या का निशाना। खेल के मैदान की दौड़ में तो यह ईर्ष्या इसलिए बेमानी हो जाती है क्योंकि इस ईर्ष्या की उम्र भी खेल के साथ ही समाप्त हो जाती है, मगर जीवन खेल नहीं है। ईर्ष्या का कारण प्राय: किसी की सफलता नहीं होता। ईर्ष्या पनपती है किसी को मिली अनपेक्षित सफलता से। धीमी रफ्तार और कड़ी मेहनत के बाद यदि कोई व्यक्ति सफलता के शीर्ष पर पहुँचता है तो उससे किसी को ईर्ष्या नहीं होती। ईर्ष्या प्राय: लोगों को तब होती है जब किसी को समय से पहले और मेहनत से ज्यादा सफलता मिल जाए। द्वेष और ईर्ष्या के बीच रहकर कोई मनुष्य सुकून भरा जीवन नहीं गुजार सकता। परिपक्व होने के बाद मिली सफलता प्राय: ईर्ष्या का निशाना नहीं बनती।

जो सुख दे, वही है सफलता

दुनिया को हम अक्सर सफल और असफल, दो तरह के लोगों की दुनिया में बाँट दिया करते हैं, जबकि अनुभव यह कहता है कि दुनिया का कोई भी व्यक्ति न तो सिर्फ सफल होता है और न ही कोई व्यक्ति पूरी तरह से असफल। दुर्भाग्य यह है कि जो लोग अपने आपको पूर्णत: असफल की ज़मात में शामिल मान लेते हैं, वे हताश होकर अपनी सारी कोशिशों को ताक पर रख देते हैं और हाथ पर हाथ धर कर बैठ जाते हैं। दूसरी तरफ, जिन लोगों को जमाना सफल कहता है, उनके मन की कोई थाह ले तो यह जानकर हैरानी होती है उनसे बड़ा हताश और अपने आपको लुटा-पिटा मानने वाला कोई और है ही नहीं। दोनों ही तरह के लोगों की हताशा का कारण दरअसल सफलता की गलत प्रचारित परिभाषाएँ और इसके गलत पैमाने हैं जो सफल व्यक्ति को भी सफलता के सुख से वंचित कर देते हैं।

सफलता के बाजार की हम अगर बात करें तो अखबार से लेकर दीवार तक ढेर सारे ऐसे विज्ञापन देखने को मिलेंगे—जिनमें 'श्योर सक्सेस', 'शत-प्रतिशत सफलता', 'सफलता की उड़ान' या 'पन्द्रह दिन में सफलता', 'सफलता के सूत्र' जैसे जुमले मौजूद रहते हैं, मगर किताबी परीक्षाओं में सफलता दिलाने का दावा करने वाली किताबें क्या किसी पढ़ने वाले के जीवन भर की सफलता की गारंटी ले सकती है?। बारहवीं की परीक्षा में सफल हो गए तो आई.आई.टी. की प्रवेश परीक्षा में सफलता की चुनौती। प्रवेश परीक्षा में सफल हो गए तो नौकरी पाने की दौड़ में सफलता की चुनौती। किसी नौकरी की लिखित परीक्षा में यदि सफलता मिल भी गई तो फिर इंटरव्यू में सफल होने की चुनौती, नौकरी पा गए तो दुनियादारी

की परीक्षा में सफल होने की चुनौती। सफलता की सीमा सिर्फ यहीं तक सीमित नहीं। जो लोग बड़ी-से-बड़ी सफलता पा लेते हैं, वे भी जब अपने से सफल किसी अन्य व्यक्ति को देखते हैं तो अपने आपको असफल मानकर फिर से निराश हो जाते हैं। कभी-कभी ऐसा भी होता है कि एक करोड़पति सेठ गली से गुजरते किसी फटेहाल गवैये को सुरीला गीत गाता देखकर उससे सुर मिलाने का प्रयास करता है और यकायक ही अपने आपको असफल पाकर विषाद में डूब जाता है।

सुख सहित सफलता पाने के सात सूत्र

सच्चाई यह है कि सफलता अपने आप में निरपेक्ष धारणा नहीं है। सफलता हमेशा अपने लक्ष्य के प्रति सापेक्ष होती है। आँख मींच कर सफलता के पीछे भागना अपने सुखों की अपने हाथों होली जलाने की तरह है। हमें चाहिए कि सफलता को सुख से जोड़ें। जो उपलब्धि हमें सुख दे, वही हमारी सफलता है, चाहे उपलब्धि कितनी ही छोटी क्यों न हो। सफलता का सुख प्राप्त करने के लिए हमें कुछ छोटे-छोटे सूत्रों को अपनाना होगा।

हमारा लक्ष्य : हमारी सफलता का पैमाना

कितनी भी बड़ी सफलता हमें मिल जाए, वह हमें तब तक सुख नहीं दे सकती जब तक कि हम इस सफलता को अपने द्वारा निर्धारित लक्ष्य से नहीं तोलते। इस मायने में कहा जा सकता है कि सफलता हमें सुख तब दे सकती है जब इसका आकलन अपने द्वारा निर्धारित लक्ष्य के सन्दर्भ में किया जाए। दूसरों की उपलब्धियों से अपनी सफलता को आँकने के बजाय हम यदि अपने द्वारा अपने लिए निर्धारित लक्ष्य से अपनी सफलता को आँकेंगे तब ही कोई सफलता हमें खुशी का अहसास करा सकेगी। एक व्यक्ति विश्वविद्यालय की परीक्षा में स्वर्ण पदक प्राप्त करने के बावजूद यदि इस बात पर अफसोस मनाए कि उसका मित्र आई.आई.टी. में उत्तीर्ण हो गया, वह सामान्य डिग्रीधारी ही रह गया, तो यह निराशा तर्कहीन होगी। मित्र ने आई.आई.टी. को लक्ष्य बनाया तो उसे उसमे सफलता मिली। हमने अपनी अलग राह चुनी, अलग लक्ष्य तय किया

तथा इसे पाकर हम भी सफल ही हुए हैं। अपनी मंजिल पर पहुँचने के तुरन्त बाद हमें यह याद करना चाहिए कि हमने अपना लक्ष्य क्या निर्धारित किया था?

सफलता नहीं खुशी को लक्ष्य बनाएँ

कोई भी सफलता कभी भी स्थायी नहीं होती। एक लक्ष्य की प्राप्ति के साथ ही अगला लक्ष्य हमारे सामने चुनौती के रूप में आ खड़ा होता है और वह थोड़ी ही देर में हमारी सफलता की खुशी छीन लेता है। स्पर्धा के इस युग में पहली सीख यह दी जाती है कि अपनी उपलब्धियों से सन्तुष्ट कभी मत होइए। इस सीख का अर्थ यह कतई नहीं है कि इनसान को हर समय बेचैनी की हालत में ही रहना चाहिए। इसका वास्तविक अर्थ सिर्फ यह समझा जाना चाहिए कि इनसान को जीवन में सदैव चलते रहने को अपनी आदत बना लेना चाहिए। कोई भी समझदार व्यक्ति यह कभी नहीं कह सकता कि जो मिला है, उससे खुश मत होइए। जब तक हम पिछली सफलता की खुशी नहीं मनाएँगे, इसके प्रति मन में सन्तोष पैदा नहीं करेंगे तब तक अगले लक्ष्य के लिए अपने भीतर ताकत नहीं संजो पाएँगे। पुन: यह सिद्ध होता है कि खुशी सफलता में नहीं बल्कि हमारी सोच अथवा आदत में होती है। हमारी आदत बन जानी चाहिए कि हम उपलब्धि से अगली चुनौती के बीच भी खुशी का दामन अपने हाथ से छूटने न दें। सारांश यह है कि हमें सफलता के बजाय खुशी को अपना लक्ष्य बनाना चाहिए।

बहुत सारे लक्ष्य : बहुत सारी खुशी

सफलता की खुशी हमें जीवन भर मिलती रहे, इसके लिए हमें चाहिए कि हम जीवन के छोटे-छोटे बहुत सारे लक्ष्य बनाएँ तथा छोटी-छोटी सफलताओं के जश्न मनाना सीखें। खुशी भी दवा की उस डोज की तरह है जो निरन्तर लेते रहने पर रोगी पर अपना असर खो देती है। इसीलिए कुछ समय बाद डॉक्टर को रोगी की डोज अथवा इसकी पॉवर बढ़ानी पड़ती है। एक जैसी खुशी यदि किसी व्यक्ति को निरन्तर मिलती रहे तो वह व्यक्ति एक दिन इसके प्रति उदासीन हो जाता है। इसके बाद उसे खुशी तब ही महसूस होती है जबकि

उसे पहले से बड़ी खुशी प्राप्त हो। मगर बड़ी खुशियाँ किसी भी व्यक्ति को रोज-रोज नहीं मिल सकती। किसी व्यक्ति को हर महीना 10 करोड़ की लॉटरी नहीं निकल सकती। किसी छात्र को हर साल आई.आई.टी. जितनी बड़ी परीक्षा में सफलता नहीं मिल सकती। किसी नौकरीपेशा को हर नौकरी बदलने पर एक लाख रुपए का जम्प नहीं मिल सकता। ऐसे में उसे यदि खुश रहना है तो इन बड़ी उपलब्धियों को खुशी से जोड़ने के बजाय छोटी-छोटी ऐसी बातों में खुशी महसूस करने की आदत डालनी चाहिए, जिन्हें वह हर रोज पूरा होता हुआ देख सके। मसलन, किसी पैदल चलते व्यक्ति को लिफ्ट देकर अपने गंतव्य तक छोड़कर खुशी महसूस करना। कभी किसी ऐसे बच्चे की स्कूल फीस भरकर खुशी महसूस करना, जिसका साल आपकी मदद के बगैर बरबाद होने वाला हो। अपनी पसन्द का कोई गीत सुनकर या इसे गुनगुना कर खुशी महसूस करना।

टुकड़ों में देखें बड़े लक्ष्य को

भले ही हम जीवन का कोई एक प्रमुख लक्ष्य बनाएँ, मगर इस लक्ष्य तक पहुँचने के रास्ते को छोटे-छोटे पड़ावों में बाँट देना चाहिए। हमें अगर किसी बड़ी चट्टान को तोड़ना है तो इसका आकार देखकर एकबारगी हमारी हिम्मत टूट सकती है, मगर जब हम इसके अलग-अलग कोनों को अलग हिस्से के रूप में देखेगें तो हमारी हिम्मत लौटने लगेगी। पहले कोने, फिर एक सिरा, फिर कमजोर हिस्सा और सबसे अन्त में मजबूत हिस्सा तोड़ना शुरू करेंगे तो जितना-जितना काम हम सफलतापूर्वक करते जाएँगे, इसकी खुशी हमें आगे का कठिन कार्य करने की ताकत देगी। सफलता का सफर शुरू करने के बाद हमारा ध्यान सिर्फ अगले और निकटतम लक्ष्य पर केन्द्रित रहना चाहिए। छोटे-छोटे लक्ष्यों में बँटा बड़ा लक्ष्य भी हमारे संकल्प के आगे बौना साबित होगा।

अपने मन के अनुकूल हो अपना लक्ष्य

कई बार हम भरपूर मेहनत करने और काफी हद तक सफलता हासिल करने के बावजूद वांछित खुशियाँ अथवा मनचाहा मुकाम इसलिए हासिल नहीं कर

पाते क्योंकि हम अपना कर्म क्षेत्र चुनने में ही गलती कर जाते हैं। दुनिया का कोई भी व्यक्ति न तो हर विधा के लिए बना होता है और न ही हर क्षेत्र में विफल ही होता है। हर व्यक्ति में उसके अपने कुछ प्रकृति प्रदत्त गुण अथवा सीमाएँ होती हैं। कोई व्यक्ति गणित में सर्वश्रेष्ठ होता है तो कोई कला, साहित्य अथवा अन्य किसी विधा में। हमें अपना लक्ष्य उसी क्षेत्र से चुनना चाहिए, जिसमें हमारी स्वभावगत अथवा नैसर्गिक रुचि हो। ध्यान रहे आपकी इच्छा की तीव्रता ही इच्छा शक्ति बनती है। सब कुछ पा लेने की चाह आपको विफलता और हताशा के सिवा कुछ नहीं दे सकती। वही सफलता हमें सच्ची खुशी दे पाती है जो हमारी नैसर्गिक प्रवृत्तियों के अनुरूप होती हो।

फ्लैश बैक में बैठी हैं खुशियाँ

सफलता की खुशी महसूस करने का श्रेष्ठतम तरीका यह है कि जब आप पचास वर्ष की उम्र के मुकाम पर बैठे हों तो पन्द्रह वर्ष की उम्र में आपके द्वारा देखे गए सपनों को याद कीजिए। आप पाएँगे कि आप अपने निर्धारित लक्ष्यों से पहले ही कितना आगे पहुँच चुके हैं। जैसाकि ऊपर कहा गया है, मनुष्य को वही सफलता सच्ची खुशी देती है जोकि उसकी स्वभावगत रुचियों पर आधारित होती है। पन्द्रह वर्ष की उम्र वह उम्र होती है जब व्यक्ति अपने भावी जीवन को लेकर सपने देखना शुरू करता है। ये सपने उसकी पारिवारिक पृष्ठभूमि, उसके साथ रहने वाले लोगों, उसके मित्रों, उसके द्वारा सुनी गई कहानियों, उसके द्वारा पसन्द किए गए नायकों का मिला-जुला रूप होते हैं। इस उम्र में व्यक्ति अपने पूर्ण नैसर्गिक स्वरूप में होता है। ये ही सपने उसके जीवन का लक्ष्य तय करते हैं। किसी किशोर ने बचपन से किसी गवैये के गीत सुने हों और वह गवैया उसके तन बन में बस गया है तो यह किशोर उसी को अपना रोल मॉडल बना लेगा तथा उसके अन्तर्मन में कहीं-न-कहीं उसके जैसा बनने का सपना पनपने लगेगा। यहाँ यह बात भी गौर करने लायक है कि बालक का गवैये की ओर आकर्षित होना उसमें कला के प्रति नैसर्गिक रुझान का भी संकेत देता है। यदि बालक की नैसर्गिक प्रवृत्ति तर्क प्रधान होती तो वह निश्चित रूप से किसी वैज्ञानिक, वकील अथवा शिक्षक के प्रति आकर्षित हुआ होता।

लक्ष्य नहीं होते हवाई किले

आपकी सफलता आपको सुख और खुशी दे सके, इसके लिए यह भी जरूरी है कि लक्ष्य ऐसे बनाएँ जो न सिर्फ व्यावहारिक हों बल्कि आपके, आपके परिवार के अथवा पूरे समाज के लिए उपयोगी भी हों। शेख चिल्ली जैसे लक्ष्य न प्राप्त किए जा सकते हैं न ही किसी की खुशी का कारण बन सकते हैं। यदि हमने डॉन बनने जैसे लक्ष्य अपने जीवन के लिए तय किए हैं तो विश्वास रखें, ये हमें खुशी और सुख तो दे ही नहीं सकते। इसी तरह हमने बगैर पंख के आकाश में उड़ने जैसा कोई सपना पाल रखा है तो यह भी हमें जीवन भर कुंठा, निराशा और असफलता का ही सामना कराएगा।

ईमानदारी : जरूरी नहीं, मगर फ़ायदेमन्द जरूर है

ऑनेस्टी इज द बैस्ट पॉलिसी। अर्थात् ईमानदारी सर्वोत्तम नीति है। गीता-महाभारत से लेकर बाइबल-कुरान तक में ईमानदारी पर जितनी बातें कही गई हैं, सम्भवत: फ्रैंकलिन साहब की उक्ति इन सभी का सार है। 'सजन रे झूठ मत बोलो खुदा के पास जाना है' जैसी भभकियाँ भी जन्नत को दिल बहलाने का खयाल मानने वाली दुनिया को अब डराती नहीं। जमाना अब सिर्फ उसे मानता है जो उसे इसी दुनिया में होता हुआ दीखे। सत्य के साथ प्रयोग करके गांधी ने जमाने को दिखाया है कि ईमानदारी सर्वोत्तम नीति है और इसी से जिन्दगी की जंग को जीता जा सकता है।

ईमानदारी को सिर्फ धर्म और परलोक सुधार के नुस्खे तक सीमित रखने के बजाय इसे अगर खुशहाली के एक व्यावहारिक तरीके के रूप में प्रचारित किया जाए तो शायद यह आम जिन्दगी के ज्यादा काम आ सकती है। अलग-अलग लोगों ने इस बारे में अपनी अलग-अलग राय जाहिर की है। मुंशी प्रेमचंद ने कहा है, "चोर को अदालत में बेंत खाने से उतनी लज्जा नहीं आती जितनी किसी हाकिम को अपनी चोरी खुलने से आती है।" वाल्टेयर साहब का कहना है कि अपराध करने के बाद का भय ही अपराधी का दंड है। शेक्सपियर कहते हैं, "अपराधी का मन ठीक उसी तरह होता है, जैसे बिच्छुओं से भरा डिब्बा।" कुल मिलाकर यह तय है कि बेईमानी से चाहे सब कुछ मिल जाए, बहरहाल वह खुशी नहीं मिल सकती जिसे पाने के लिए ही इनसान सारे जतन करता है।

ईमानदारी की नीति के सात फायदे

ईमानदारी को तपस्वियों की जागीर मानकर हम सबने इसका इतना हौआ खड़ा कर डाला है कि आम आदमी ने इसे अपनी पहुँच से बाहर की चीज मान लिया है जबकि ईमानदारी आम आदमी के लिए सबसे सुलभ और आसान जीवनशैली है। सिर्फ एक बार यदि हमने इसके फायदों को ठीक से समझ लिया तो हमारी खुशियों को हम तक पहुँचने से शायद कोई नहीं रोक सकेगा।

अधिक आसान है ईमानदारी का रास्ता

लोग कहते हैं कि ईमानदारी का रास्ता काँटों भरा और मुश्किल है जबकि मेरा यह मानना है कि बेईमानी का रास्ता ज्यादा मुश्किल है। बेईमानी करने के लिए न सिर्फ सीधे रास्ते के समानान्तर गुप्त रास्ता खुद बनाना पड़ता है बल्कि अपने पीछे छोड़ी हुई अपनी कारगुजारियों के बदनुमा निशान और नए बनाए गए रास्ते की पहचान के पत्थर भी खुद ही याद रखने पड़ते हैं। एक भी जगह चूके और फँस गए दलदल में। सच कहें तो आलसी इनसानों को भी ईमानदारी बेहद रास आने वाली चीज है। ईमानदारी का अनुसरण करने वाले व्यक्ति को जो जैसा है उसी के अनुसार चलते रहना होता है। कुछ अतिरिक्त नहीं करना पड़ता। सेठ के यहाँ नौकरी करने वाला ईमानदार मुनीम वास्तविक आमदनी और खर्च का हिसाब लिखने के बाद घर जाकर चैन की नींद सोता है, मगर गड़बड़ी करने वाले मुनीम को शुरू से लेकर आखिर तक हिसाब को इस तरह से सैट करना पड़ता है कि एक जगह की गई गड़बड़ी अन्त तक पोल न खोल दे। इसके बाद भी उसे यह हमेशा याद रखना पड़ता है कि जो आँकड़ा उसने गलत लिखा था, पकड़ में आ जाने पर उसे सही कैसे ठहराना है?

लम्बे रास्ते पर भीड़ नहीं मिलती

यह सही है कि सफलता पाने के लिहाज से ईमानदारी का रास्ता लम्बा रास्ता है। ज्यादातर लोग समय से पहले मंजिल तक पहुँचने की गरज से शॉर्टकट का चुनाव करते हैं। नतीजा यह होता है कि वे भीड़ का हिस्सा बनकर संकरे

रास्तों के बाटल नैक में फँसकर रह जाते हैं। लम्बे रास्ते का चुनाव करने वाले चतुर लोग खुले और खाली रास्ते पर मजे से चलते हुए न सिर्फ मंजिल पर पहुँच जाते हैं बल्कि बैटर एवरेज लेकर अपनी ऊर्जा भी बचा लेते हैं। इसमें कोई दो राय नहीं कि ईमानदारी पर चलने के लिए धैर्य, संयम और भीतरी मजबूती की जरूरत होती है। बहुत कम लोग ऐसे होते हैं जिनके पास अपनी मंजिल तक पहुँचने के लिए धैर्य होता है। अधिकतर लोग जल्दी से जल्दी पैसा, पद और शोहरत पाने के लिए रिश्वत, चापलूसी, अनियमितताएँ, धूर्तता जैसे शॉर्टकट फार्मूले अपनाते हैं। यह रास्ता शॉर्टकट होते हुए भी बाजार से होकर गुजरने वाले उस रास्ते की तरह है जिस पर अक्सर ट्रैफिक जाम लगा रहता है। दूसरी तरफ ईमानदारी का रास्ता उस बाईपास की तरह है जो दूर तो अधिक दिखाई देता है, मगर वहाँ लोगों की भीड़ और वाहनों की कतार अधिक न होने के कारण जाम में फँसने का खतरा नहीं होता।

ईमानदारी का कोई विकल्प नहीं है

आम धारणा है कि सफलता के अवसर बेईमान लोगों को ही मिलते हैं और ईमानदार लोगों के हिस्से में सिर्फ घुटन और उपेक्षा आती है। सच्चाई यह है कि भ्रष्टाचार कितना भी व्यापक क्यों न हो जाए, ईमानदारी का कोई विकल्प उपलब्ध नहीं है। कहते हैं कि बेईमान सेठ को भी ईमानदार मुनीम की दरकार रहती ही है। ईमानदार लोग यदि अपनी ईमानदारी को सक्रियता और व्यवहार कुशलता से और जोड़ लें तो प्रतिभा के बाजार में उनकी माँग सबसे ऊपर रह सकती है। अगर कोई यह सोचता है कि सरकार, प्रशासन, व्यापार या कला के क्षेत्र में शीर्ष पर बैठे सभी व्यक्ति बेईमानी की बदौलत वहाँ तक पहुँचे हैं तो यह बात पूरी तरह सही नहीं है। सच्चाई इसके बिल्कुल विपरीत यह है कि सौ में से अस्सी लोग ऐसे हैं, जिन्होंने अपने लक्ष्य के प्रति निष्ठा और ईमानदारी बरती। यदि कोई ईमानदार व्यक्ति अपने लक्ष्य तक पहुँचने में विफल रहा तो इसका कारण यह कभी नहीं हो सकता कि वह ईमानदार था। हो सकता है, लक्ष्य का पीछा करने में निरन्तरता की कमी इसका कारण रहा हो। हो सकता है, अपने मातहतों अथवा वरिष्ठ अधिकारियों के साथ व्यवहार में उनका खुड़ूसपन उनके रास्ते की बाधा

बना हो अथवा यह भी हो सकता है कि उनके द्वारा अपनाई गई रीति-नीति व्यावहारिकता से दूर रही हो।

ईमानदारी टिकाऊ है

लोग यह भी मानते हैं कि पैसा तो बेईमानी से ही जोड़ा जा सकता है। ईमानदार लोग फटेहाल ही रहते हैं। यह सही है कि बेईमानी करके भी लोग पैसा कमा रहे हैं, मगर सम्पन्नता के शीर्ष पर लम्बे समय तक वे ही लोग टिके रह पाते हैं जिनके आचरण और वाणी के मूल में कहीं-न-कहीं ईमानदारी मौजूद रहती है। अपने सिद्धान्तों पर टिके ब्रांड्स बगैर ज्यादा प्रचार-प्रसार के भी सिर्फ अपनी विश्वसनीयता के दम पर बाजार में लम्बी उम्र जी रहे हैं। जिस तरह झूठ के पैर नहीं होते, ठीक उसी तरह बेईमानी की भी जमीन नहीं होती। आज नहीं तो कल ऐसे लोगों की कलई खुलकर रहती है। जो लोग धनवान बनने के बाद भी निरन्तर धनवान बने हुए हैं, इसका कारण यही है कि उनके व्यवसाय का कोई-न-कोई ठोस आधार अवश्य है जिसे समाज, व्यवस्था और सरकार ने विधिवत मान्यता दे रखी है। जुए, सट्टे, तस्करी अथवा नकली माल का व्यापार किसी भी व्यक्ति द्वारा कितने दिन चल सका है?

सम्मान पाने का शॉर्टकट है ईमानदारी

हर इनसान पैसा या ज्यादा पैसा इसलिए कमाना चाहता है ताकि समाज में उसका औरों से ज्यादा सम्मान हो। यद्यपि सम्मान को नापने का कोई यंत्र उपलब्ध नहीं है मगर अनुभव के आधार पर कहा जा सकता है कि महीने में चार पाँच-लाख रुपए कमाने वाले व्यक्ति का सम्मान ईमानदारी से बच्चों को पढ़ाने वाले किसी लैक्चरर अथवा सच्चाई लिखने वाले किसी लेखक, पत्रकार अथवा साहित्यकार से ज्यादा नहीं होता होगा, जिसकी मासिक आमदनी पचास हजार रुपया भी शायद न हो। इसे छोड़ दीजिए। व्यापारी की ही व्यापारी से तुलना करते हैं। जूस सेंटर चलाकर मुश्किल से दस हजार रुपया महीना कमाने वाला व्यापारी अपने अच्छे व्यवहार और साफ-सुथरे व्यापार की बदौलत दस लाख रुपया महीना कमाने वाले बीयर बार के संचालक से

ज्यादा सम्मान कमा सकता है। इसका अर्थ यह नहीं है कि ज्यादा पैसे के साथ ज्यादा सम्मान नहीं कमाया जा सकता। एक जैसे ही व्यापार में भी दो व्यापारी अपने भिन्न आचरण के कारण कम या ज्यादा सम्मान कमा सकते हैं। यह अलग बात है कि खराब आचरण वाला व्यापारी साफ-सुथरे व्यापारी की अपेक्षा कुछ हजार रुपए ज्यादा कमाता हो।

भावी पीढ़ियों के लिए सुकून का संदेश

किसी इमारत की नींव ही यदि बेईमानी की सीमेंट और बदनीयती की ईंटों पर रखी गई हो तो इस पर खड़ा मकान कितनी बरसातों और कितने तूफानों का सामना कर पाएगा, यह सोचने की जरूरत नहीं। ठीक इसी तरह ईमानदारी से प्राप्त की गई सफलता और सम्पन्नता में नैसर्गिक रूप से स्थायित्व के बीज मौजूद रहते हैं। जो इनसान कड़ी मेहनत और समय खर्च करके धन और यश कमाता है, वही इसकी कीमत समझ सकता है। ऐसा इनसान अपने खरे पैसे का इसतेमाल सट्टे, जुए अथवा किसी ऐसे जोखिम भरे काम में लगा ही नहीं सकता जहाँ इसके रातोंरात खत्म हो जाने की आशंका हो। यही नहीं, बल्कि मेहनत और धैर्य के संस्कारों में पली सन्तान भी पैसा खर्च करने में भी धैर्य बरतने का आनन्द समझती है। ऊँचाई की ओर चढ़ते समय धीरे-धीरे और हर कदम को मजबूती से रखने वाला इनसान कभी लुढ़ककर नीचे नहीं आता।

सफलता का स्वाद लेने के लिए बचता है समय

ईमानदारी से सफलता और सम्पन्नता अर्जित करने वाला इनसान न सिर्फ हर समय खुशमिजाज, बेफिक्र और मस्त रहता है बल्कि अपने द्वारा अर्जित सफलता का स्वाद लेने के लिए वह काफी समय भी बचा लेता है वह समय जो उसे काले को सफेद में बदलने के लिए अन्यथा बर्बाद करना पड़ता। ऐसे व्यक्ति को अपने द्वारा अर्जित थोड़े-से धन में भी वही सन्तोष प्राप्त होता है जो अरबपति को करोड़ों रुपए कमा कर प्राप्त नहीं होता। बेईमान इनसान का मस्तिष्क हर समय अपने द्वारा की गई बेईमानी खुल जाने के भय अथवा चोरी को छिपाने के लिए की जाने वाली तिकड़मों में ही उलझा रहता है।

तिकड़म कामयाब हो जाने के बावजूद वह बेफिक्री का अहसास नहीं कर पाता और इसी वजह अपने आपको चौबीसों घंटे व्यस्त महसूस करता है जबकि सही रास्ते पर चलने वाला व्यक्ति जिस समय जो काम कर रहा होता है, सिर्फ उसी के बारे में सोचता है। उसके मस्तिष्क में चिन्ता जैसी कोई बात नहीं होती। इसी वजह से वह जब मनोरंजन में खोया होता है तो उसका भरपूर आनन्द ले पाता है।

दम ले ले घड़ी भर, ये छैंयां पाएगा कहाँ

मंजिल से बेखबर आँखें मींच कर बेतहाशा भागते इनसानों के लिए ही शायद किसी गीत की ये पंक्तियाँ किसी दौर में लिखी गई होंगीं कि

वहाँ कौन है तेरा, मुसाफ़िर, जाएगा कहाँ।
दम ले ले घड़ी भर, ये छैंयां पाएगा कहाँ॥

इसे विडम्बना ही कहा जाएगा कि लोग अपनी जिन्दगी बनाने में कभी-कभी उम्र का इतना बड़ा हिस्सा गुज़ार देते हैं कि उनके पास खुद की बनाई हुई ज़िन्दगी जीने का वक्त ही नहीं बचता। दूसरी तरफ कुछ अन्य लोग जो न जिन्दगी बनाने की दौड़ में शरीक हैं और न ही ज़िन्दगी जीने की में, वे ज़िन्दगी जैसी स्वादिष्ट चीज को दवा की गोली की तरह महज निगलकर खत्म कर देते हैं। हैरत तो यह जान कर होती है कि ज़िन्दगी काट रहे ज्यादातर लोगों को यह मालूम ही नहीं होता कि जिन्दगी का स्वाद लेने का सही तरीका क्या है? जब तक उन्हें इस बात का होश आता है तब तक ज़िन्दगी उनके हाथ से फिसलकर निकल चुकी होती है। गुरुदेव रवीन्द्रनाथ टैगोर ने कहा है कि जिन्दगी एक महानदी की तरह है जो अपने बहाव द्वारा नई दिशाओं में अपनी राह खुद बना लेती है। कुछ लोग इस महानदी के लिए खुद रास्ते बनाने की कोशिश में चुक जाते हैं तो कुछ इसके बहाव के विपरीत दिशा में बहने की कोशिश में जीवन बिता देते हैं। टैगोर कहते हैं कि अपने जीवन को समय के किनारे पड़ी पत्ती पर टिकी ओस की बूँद की तरह नाचने दो। इसी में जीवन का आनन्द है। विक्टर ह्यूगो नाम के एक और श्रीमन्त का कहना है कि जीवन एक फूल है तो प्रेम इसकी महक। जिन्दगी को टूटकर अपनी महक लुटाने दो।

एक और मायने में इनसान का जीना और फूल का मुस्कुराना, दोनों एक जैसे हैं। दोनों में ही किसी तरह का कोई प्रयत्न नहीं रहता। भाग-दौड़ और प्रयत्नों से भरी व्यस्त जिन्दगी में जीने के क्षण कौन-से हैं, यदि हम गौर करें तो पाएँगे कि आगे लिखे सात मौकों पर ही हमारा जीवन फूल की तरह महक रहा होता है। वे मौके हैं—

- जब हम किसी तर्कहीन बात पर खिलखिलाकर अपना अस्तित्व बिखरा रहे होते हैं।
- जब हम किसी अन्य की पीड़ा देखकर अपना तनाव पिघला और बहा रहे होते हैं।
- जब हमारा मन, मस्तिष्क के बन्धन तोड़कर शून्य में उड़ान भर रहा होता है।
- जब हमारी आँखें किसी सुन्दर दृश्य, किसी सुन्दर वस्तु अथवा किसी सुन्दर व्यक्ति में इसके रचनाकार की छवि देखकर मुग्ध हो रही होती हैं।
- जब हमारे कान सुर और ताल की ध्वनि सुनकर दिल और दिमाग में लयबन्दी करने का प्रयास कर रहे होते हैं।
- जब हमारा हृदय जुबान पर रखी किसी वस्तु में जीवन का स्वाद महसूस कर रहा होता है।
- जब हमारा अस्तित्व अपने से अलग किसी और में विलीन होने का भाव महसूस कर रहा होता है।

ये सब वे मौके हैं जब हम जिन्दगी को असली मायनों में जी रहे होते हैं, मगर सवाल यह उठता है महत्त्वाकांक्षाओं के पहाड़, तरक्की की प्रतिस्पर्धा और अस्तित्व की लड़ाई के बीच जीने के लिए समय कैसे निकाला जाए?

जीने का समय उपलब्ध कराने वाले सात उपाय

तो आइए चर्चा करते हैं उन सात फालतू बातों की, जहाँ बर्बाद किया जाने वाला वक्त बचाकर हम जिन्दगी जीने के लिए मौका निकाल सकते हैं।

डरें नहीं 'न' कहने से

जिन्दगी जीने के लिए हमें वक्त और मौका मिल सके, इसका सबसे पहला उपाय यह है कि हम 'न' कहने से डरना छोड़ दें। बहुत-से अनावश्यक काम जीवन में हम इसलिए ओढ़ लेते हैं क्योंकि इन्हें ओढ़ाने वाले को हम मना करने का साहस नहीं कर पाते। ये काम किसी रिश्तेदार द्वारा ओढ़ाए गए हों अथवा किसी पड़ोसी द्वारा, मगर यह तय है कि हम दिल ही दिल में इन्हें या तो अपनी क्षमता से बाहर मानते हैं अथवा समय की उपलब्धता से। हमारे मानस पर बेवजह पड़ा यह बोझ न हमें खुलकर जीने देता है न ही उतरकर कम होता है। राम बाबूजी जलदाय विभाग में वरिष्ठ लिपिक के पद पर काम करते थे। धर्म-कर्म में आस्था और ईमानदारी के साथ-साथ दफ्तर समय पर पहुँचना और समय से पहले दफ्तर न छोड़ना उनकी पहचान बन चुके थे। लोगों की मदद करने के इस कदर कायल थे कि दूसरे सैक्शन के कर्मचारी भी अपनी फाइलें, अर्जियाँ, हिसाब और अन्य काम उनके पास ले आते। वे किसी को मना नहीं करते। यहाँ तक कि उनकी रिपोर्ट तक खुद टाइप कर देते थे। जन सेवा की इसी आदत के कारण कई बार घर भी समय पर नहीं पहुँच पाते थे। एक बार उन्हें खुद अपनी डैस्क की एक रिपोर्ट शुक्रवार तक तैयार करके पेश करनी थी मगर समय की कमी के कारण पेश नहीं कर पाए और इसके लिए उन्हें चार्जशीट मिल गई। राम बाबूजी की बड़ी बिटिया बहुत समझदार थी। उसने पिता की कमजोरी पकड़ ली। पिता की यह कमजोरी दूर करने की गरज से एक दिन सुबह ठीक पौने दस बजे पिता जब दफ्तर के लिए निकलने वाले थे कि बिटिया ने कहा, "पिताजी, आज मेरे कॉलेज में बड़ा कार्यक्रम है। क्या आप स्कूटर से मुझे कॉलेज छोड़ देंगे?" पिता इनकार न कर सके। वे स्कूटर लेकर चलने को हुए तो बेटी ने पूछा, "आपको दफ्तर की देर तो नहीं हो जाएगी?"

"होगी तो सही," पिता ने कहा, "पर देख लूँगा।"

बेटी ने कहा, "आपके बॉस नाराज तो नहीं होंगे?"

"होंगे तो हो लेंगे। सुन लूँगा।"

बेटी ने कहा, "जब बॉस की नाराजगी की चिन्ता नहीं है तो मेरी नाराजगी की चिन्ता क्यूँ है? मैं तो बस से भी कॉलेज जा सकती हूँ।"

बेटी की सीख पिता के काम आई। पिता ने विनम्रतापूर्वक लोगों को न कहना सीख लिया और उनकी जिन्दगी सुखी हो गई।

प्राथमिकताएँ तय करें

जीने के लिए समय निकाल सकने का दूसरा उपाय है कि हम अपनी प्राथमिकताओं को क्रम देना शुरू करें। हर इनसान की जिन्दगी के अनगिनत पहलू होते हैं—खुद अपना स्वास्थ्य, अपना परिवार, अपनी आजीविका, अपना समाज, अपने शौक। हर पहलू से जुड़े अनेक नए-नए काम हर सुबह मुँह उघाड़कर जाग उठते हैं। क्या करें—क्या न करें, इसी उधेड़बुन में न हमारा दिन सुकून से बीतता है और न रात बोझ से रीति। हमें चाहिए कि हम अपनी जरूरतों और सोच के मुताबिक प्राथमिकताओं का टाइम-टेबल बनाएँ। सवाल यह उठता है कि हम यह तय कैसे करें कि हमारी प्राथमिकताएँ आखिर हैं क्या तथा होनी क्या चाहिए? सुखी जीवन की प्राथमिकताओं को लेकर एक जमाने से कहावत चली आ रही है कि पहला सुख निरोगी काया, दूजा सुख घर में माया, तीजा सुख सुलक्षणा नारी, चौथा सुख पुत्र आज्ञाकारी, पाँचवाँ सुख सुन्दर वास, छठा सुख अच्छा पास, सातवाँ सुख मित्र घनेरे और नहीं तो जगत् में दु:ख घनेरे। इसके बावजूद प्राथमिकताओं का कोई सार्वजनिक पैमाना नहीं है। हर इनसान की पृष्ठभूमि, आर्थिक जरूरतें, बौद्धिक स्तर, व्यक्तिगत संस्कार व शिक्षा दीक्षा अलग होती है। इन्हीं सबके आधार पर उसके मूल्य, उसकी इच्छाएँ एवं उसकी जिन्दगी के उद्देश्य स्वयं उसी के द्वारा तय किए जाते हैं। कुछ लोग यह मानते हैं कि इनसान 15 वर्ष की उम्र में जो सपने देखा करता है, प्राय: वे ही उसके जीवन के लक्ष्य निर्धारित किया करते हैं। इनसान ने अपने जीवन के जो भी लक्ष्य निर्धारित किए हैं, उन्हीं के अनुसार उसे अपनी प्राथमिकताओं को क्रम भी देना चाहिए तथा अपने पास उपलब्ध समय नियोजन में से इन्हें समय का आवंटन भी इसी क्रम के अनुसार होना चाहिए।

सबसे अप्रिय सबसे पहले

जीवन के हर क्षण का हम अधिकतम आनन्द ले सकें, इसके लिए यह भी जरूरी है कि हम अपने लिए निर्धारित कार्यसूची में से प्रतिदिन सबसे अप्रिय

काम को सबसे पहले करें। यह सच है कि हमें हमारी व्यस्तता से ज्यादा हमारे जेहन पर ठहरा कामों का बोझ जीने के आनन्द से वंचित करता है। आम प्रवृत्ति यह होती है कि हम वह काम सबसे पहले हाथ में लेते हैं जो हमें सबसे ज्यादा अच्छा लगता है। मसलन, आज के युवाओं में से अधिकतम सुबह उठते ही व्हाट्सऐप या फेसबुक को टटोलना ज्यादा पसन्द करते हैं। दफ्तर पहुँचते ही अधिकतर लोग ई मेल बॉक्स खोलकर बैठ जाते हैं और फालतू के मेल्स में उलझकर वे उन घंटों को व्यर्थ गँवा देते हैं जिनमें वे सर्वाधिक महत्त्वपूर्ण काम को सर्वाधिक अच्छे तरीके से निपटा सकते थे। हम अपनी प्राथमिकताओं के क्रम में से अप्रिय काम को बाद के लिए छोड़कर आनन्द देने वाले काम पहले हाथ में ले भी लेंगे तो अप्रिय काम का बोझ हमें प्रिय काम का आनन्द महसूस नहीं होने देगा। इसके विपरीत, भारी काम का बोझ पहले उतार देने से हलका हुआ मस्तिष्क न सिर्फ हमारे प्रिय काम के आनन्द की सही अनुभूति हमें कराएगा बल्कि मुश्किल काम करते समय भी बाद में किए जाने वाले प्रिय काम को लेकर मन में एक उमंग बनाए रखेगा।

जो व्यर्थ है उसे निकाल फेंकें

अपनी प्राथमिकताओं की सूची से ऐसे कामों को बिल्कुल निकाल फेंकें जो आपको पूरी तरह व्यर्थ, अनुत्पादक और अप्रिय लगते हों। कई बार हम सब कुछ करके देखने की धुन में अपने मस्तिष्क का बेवजह बोझ बढ़ा लेते हैं। आपकी संगीत में रुचि है तो गणित की किताब में क्यूँ माथा खपाएँ? आपको कैरम खेलने की तलब है तो क्यूँ गलती से खरीद लिए गए किसी पकाऊ उपन्यास को पूरा करने का बोझ पाले रखें?

जरूरी नहीं कि हर काम खुद करें

हमारी जिन्दगी को ऊब और बेवजह थकान से बचाने का एक और तरीका यह है कि हम सब काम स्वयं अपने हाथ से करने का मोह छोड़ दें। सब कुछ सर्वश्रेष्ठ करने की धुन हो या किसी कार्य का श्रेय छिन जाने की आशंका, हममें से बहुत-से साथी अपनी जिम्मेदारियों का बँटवारा नहीं करते। शक्ति का विकेन्द्रीकरण नहीं करते। सुपर कम्प्यूटर बनाने की क्षमता रखने वाला

कीमती इंजीनियर यदि पुराने-खराब कम्प्यूटरों के नट खोलने-बन्द करने का काम भी अपने हाथ से करने लगेगा तो जाहिर है, ऐसा करके वह न सिर्फ आनन्द के अनमोल क्षणों से वंचित रह जाएगा बल्कि और बड़े कामों की उपलब्धि हासिल भी नहीं कर पाएगा। अपने मातहतों, अपने साथियों अथवा अपने सम्बन्धियों पर भरोसा न करके प्राय: हम वे काम भी खुद ही करना चाहते हैं जो किसी कम योग्यता वाले व्यक्ति द्वारा किए जा सकते हैं। एक अनुभवी सर्जन यदि खुद सब्जी खरीदने बाजार जाए तो निश्चित रूप से वह अपने नौकर की अपेक्षा पन्द्रह से बीस रुपए रोज बचा सकता है, मगर यदि इसी आधे घंटे में वह कोई बड़ा ऑपरेशन कर डाले तो दस हजार से लेकर एक लाख रुपया तक भी कमा सकता है। कमाई को छोड़ दीजिए, यदि इसी आधे घंटे में वह अपने मनपसन्द गीत सुने, कैरम खेले, बच्चों के साथ समय बिताए या ऐसा ही कोई दिल को अच्छा लगने वाला काम करे तो इस आधे घंटे से लाखों रुपए से भी ज्यादा बड़ा प्रतिफल प्राप्त कर सकता है।

निपटाएँ और पीछा छुड़ाएँ

हमें जिन्दगी का लुत्फ उठाने, अथवा यूँ कहिए कि वे सब काम करने के लिए जोकि हमें अच्छे लगते हैं, समय न मिलने का एक कारण यह भी है कि हम जिन्दगी के लिए जरूरी समझे जाने वाले कामों को इतनी धीमी रफ्तार से निपटाते हैं कि इनसे मुक्त होते-होते ही हमारा सारा समय तमाम हो जाता है। पढ़ाई से लेकर नौकरी तक बहुत-से ऐसे काम होते हैं जो हमें बोझिल भले लगें, मगर जीने के लिए इन्हें निपटाना हर हाल में जरूरी होता है। बहुत-से ऐसे काम भी होते हैं जो हम चाहे–अनचाहे अथवा किसी मजबूरी में ओढ़ तो लेते हैं, मगर इन्हें करने का बिल्कुल मन नहीं होता। ऐसे कामों को हम या तो बिल्कुल मरी हुई रफ्तार से निपटाते हैं या अधूरे पटककर छोड़े रखते हैं। यदि हम इन्हें अधूरा छोड़ते हैं तो ऐसा करने का मलाल हमें अपना मनचाहा काम करने का पूरा आनन्द नहीं लेने देता और यदि पूरा करते हैं तो इनकी नीरसता के कारण हमारी रफ्तार इतनी धीमी रहती है कि कुछ और करने का समय ही नहीं बचता। हमें चाहिए कि ऐसे काम भी निपटाने ही पड़ जाएँ तो इन्हें तेज रफ्तार से

निपटाकर जल्दी से जल्दी फुरसत पाने का प्रयास करें ताकि अपने आनन्द के क्षणों तक पहुँच सकें।

फुर्सत के पल भी हैं जीवन का हिस्सा

जीवन में आनन्द के क्षण सिर्फ वे नहीं होते जिनमें हम अपना मनपसन्द काम करते हैं बल्कि वे क्षण भी हमें आनन्द देते हैं जब हम कुछ भी नहीं कर रहे होते हैं। मेरा अनुभव तो यह है कि वे ही क्षण सर्वाधिक आनन्द के क्षण होते हैं कि जब हम जीवन में जो नहीं मिला, उसके प्रति असन्तोष मनाने के बजाय जो कुछ मिला है उसके बारे में सोचकर सन्तोष की अनुभूति का जश्न मना रहे होते हैं। हमें चाहिए कि जब भी हम अपने कामों का कैलेंडर या टाइमटेबल बनाएँ, भले जरूरी कामों के समय में से ही कटौती करनी पड़े, साल के 52 में से कुछ हफ्ते, हफ्ते के 7 में से कुछ दिन, दिन के 24 में से कुछ घंटे इस बात के लिए अवश्य सुरक्षित करें जब हम बैठकर खुद अपने आपको, अपनी जिन्दगी को, विगत में किए गए अपने कामों और हासिल उपलब्धियों को प्यार से निहार सकें और इनसे मिली खुशी के लिए विधाता का शुक्रिया अदा कर सकें। दरअसल ये ही क्षण हमारा लक्ष्य हैं जिन्हें पाने के लिए हम बाकी और सब कुछ करते हैं।

जब ज्योतिषी कहे, आपके नक्षत्र खराब चल रहे हैं

भाग्य और कर्म, दोनों में से यथार्थ क्या है, इस प्रश्न के उत्तर की खोज सदियों से उसी तरह जारी है जैसे खुद दुनिया रचना करने वाले विधाता की। सैंकड़ों ज्ञानी और महाज्ञानी मिलकर भी आज तक इस बारे में कोई सर्वमान्य राय नहीं बना पाए है कि जिन्दगी को खुशहाली के मुकाम तक पहुँचाने के लिए हमें भाग्य की पूजा करनी चाहिए अथवा कर्म की? भाग्य की प्रबलता की पैरवी करते हुए एक तरफ मुंशी प्रेमचंद कहते हैं कि दाता के द्वार पर सभी भिखारी बनकर जाते हैं, मगर यह भाग्य ही है जिसकी वजह से किसी को एक चुटकी मिलती है तो किसी को पूरा थाल। दूसरी तरफ वर्जिल और पब्लिलियस जैसे विद्वान कहते हैं कि भाग्य नहीं बुद्धि, कर्म और अपना चरित्र इस जिन्दगी के समन्दर में हमारी नौका को पार लगाते हैं। शेक्सपियर इन दोनों के बीच एक सन्तुलन-सा बिठाते हुए कहते हैं, "जो इनसान खुद सोया रहता है उसका भाग्य भी सोया रहता है।"

भाग्य जैसी कोई चीज होती है अथवा नहीं, यह भले आज तक तय न हो पाया हो, मगर यह तय है कि भाग्य में क्या लिखा है, यह जानने के लिए विद्वान और नासमझ, हर इनसान जैसे बावला-सा हुआ रहता है। ज्योतिष के जाने-माने विद्वान नारायण दत्त श्रीमाली का कहना है कि प्रत्येक व्यक्ति को, चाहे वह कितना ही सुख-सुविधा सम्पन्न हो, अपना भविष्य फल जानने की जबर्दस्त इच्छा रहती है क्योंकि मानव मन सदैव अप्राप्य और अगोचर के लिए बेताब रहता है। भाग्य जानने की इस इनसानी फितरत ने ही ज्योतिष जैसे शास्त्र को जन्म दिया, मगर यह शास्त्र भी अभी तक विज्ञान का रूप इसीलिए नहीं ले सका है क्योंकि इसके सिद्धान्त आज भी शत-प्रतिशत मामलों में वैसे शत-

प्रतिशत परिणाम नहीं देते कि इन्हें प्रयोगशाला में सिद्ध किया जा सके। लोगों के जीवन में जिस तरह से अच्छी और बुरी घटनाएँ एक दौर के रूप में एक साथ आती हैं इनसे यह तो तय होता है कि शुभ और अशुभ समय होता अवश्य है, मगर कौन-सा दिन किस के लिए शुभ रहेगा और कौन-सा अशुभ, इसकी भविष्यवाणी सौ प्रतिशत सही न हो पाने के कारण ज्योतिष और ज्योतिषियों को लेकर संशय आज भी बरकरार है।

ज्योतिषियों की सुखद भविष्यवाणियाँ बेशक इनसान को उत्साहित करती हैं मगर निराशाजनक भविष्यवाणियाँ संवेदनशील लोगों को कई बार इस कदर विषाद और हताशा से भर देती हैं कि वे कुछ करना-धरना छोड़कर अपनी सेहत तक दाँव पर लगा बैठते हैं। मैं एक ऐसे इनसान को जानता हूँ जिसे किसी ज्योतिषी ने कह दिया कि साल 2015 में तुम्हें डायबटीज और किडनी का कोई भयानक रोग होना निश्चित है। यह बताना जरूरी है कि 38 वर्ष आयु का यह व्यक्ति नियमित व्यायाम करता था तथा अपने स्वास्थ्य से अधिक किसी वस्तु से प्रेम नहीं करता था। ज्योतिषी की भविष्यवाणी सुनते ही उसे पूरा जीवन ही व्यर्थ लगने लगा। उसने चीनी का सेवन तो बन्द किया ही, साथ ही गुर्दे की रक्षा के लिए अनावश्यक दवाइयों का सेवन शुरू कर दिया। इन दवाओं के दुष्प्रभावों से शरीर में कमजोरी और गिरावट आने लगी। उसने व्यायाम करना भी बन्द कर दिया। उसे दिन-रात सिर्फ बताए गए भयानक रोग की ही प्रतीक्षा रहने लगी। इस बीच उसने कई बार स्वास्थ्य का परीक्षण भी कराया। न सिर्फ 2015 बल्कि 2016 व 17 भी सकुशल गुजर गया। ये साहब अब भी पूरी तरह स्वस्थ हैं, मगर उन्हें दु:ख इस बात का है कि उन्होंने अपनी जिन्दगी के तीन बेशकीमती साल बिना वजह की चिन्ता में गँवा दिए।

मैं अपने जीवन में कभी ज्योतिष पर बहुत ज्यादा निर्भर नहीं रहा, मगर मैंने कभी भी ज्योतिष के वजूद को नकारा भी नहीं है। आम इनसान जैसी उत्कंठावश मैंने भी कई बार ज्योतिषियों से अपनी कुंडली पर चर्चा की है। अपने जीवन में कई बार एक लम्बे काले दौर के आगमन की पूर्व चेतावनी समय-समय पर ज्योतिषियों से मैंने भी सुनी है। ज्योतिषियों के अनुसार पिछले 16 वर्ष से मैं भी शनि की महादशा से गुजर रहा हूँ, मगर इन सारी जानकारियों ने मुझे कभी डराया नहीं। भविष्य जानने की उत्कंठा से ज्यादा मुझमें मौजूद मेरी तीव्र जिजीविषा के कारण मैंने इन भविष्यवाणियों का सामना करने के लिए खुद ही कुछ टोटके

तैयार किए हैं, जिनका मैं समय-समय पर उपयोग कर फायदा उठाता रहा हूँ। मुझे उम्मीद है ये टोटके उन साथियों के लिए भी काम के साबित होंगे जिन्हें हाल ही में किसी ज्योतिषी ने बुरे दिनों की शुरुआत की सूचना दी है।

बुरे नक्षत्रों से निपटने के सात टोटके

यदि हम किसी ज्योतिषी से बात करने के बाद किसी भविष्यवाणी को लेकर चिन्ता में डूबे हुए हैं तो नीचे लिखे सात टोटके हमें जरूर आजमाने चाहिए।

जो आया है वह जाएगा अवश्य

जब कोई ज्योतिषी आपसे कहे कि बुरे नक्षत्रों के कारण आपके खराब दिन आने वाले हैं तो इस विश्वास का ताबीज सबसे पहले गले में बाँधिए कि कोई भी ग्रह अगर चलकर आपकी कुंडली में आ रहा है तो इसका अर्थ यह है कि चलना किसी भी ग्रह की पहली प्रवृत्ति है तथा आपके यहाँ आ जाने के बाद वह चलना हमेशा के लिए छोड़ नहीं देगा। निरन्तर चलते रहने वाला बुरा नक्षत्र एक दिन चलकर आपके यहाँ से उसी तरह जाएगा जिस प्रकार चलकर आया है। ठीक इसी तरह अच्छे दिनों का नक्षत्र जो फिलहाल आपका घर छोड़ गया है, चलते-चलते फिर एक बार आपके घर में लौटकर आएगा ही।

मीठे से पहले चखें कड़वा

बुरे दिनों की भविष्यवाणी से दो-दो हाथ करने का दूसरा टोटका है—मीठे से पहले कड़वा फल चखकर इसका खौफ खत्म करना। निरन्तर गतिमान रहने वाले हर नक्षत्र को एक-न-एक बार हर इनसान की कुंडली के हर घर में जाना ही होता है। दुनिया में कोई व्यक्ति ऐसा नहीं जिसकी कुंडली में जीवन पर्यन्त अच्छे या बुरे एक ही तरह के ग्रह डेरा डालकर बैठे रहें। इसका यह अर्थ भी है कि हर राशि के व्यक्ति को बारी-बारी से सुख और दुःख, दोनों कभी-न-कभी मिलना तय है। अगर आपके हिस्से के बुरे दिन अच्छे दिनों से पहले आ रहे हैं तो इनका स्वागत कीजिए क्योंकि कड़वे के बाद अगर मीठा फल खाने को मिलेगा तो अन्त में मीठा स्वाद ही मुँह में कायम रहेगा।

यदि पहले हम मीठे फल का सेवन करेंगे तो बाद में मिलने वाले कड़वे की आशंका हमारे मुँह में मौजूद मीठे का स्वाद भी कसैला ही रखेगी।

बुरे दिनों का अच्छा इस्तेमाल

जो इनसान नीम के पत्तों में भी स्वाद ले सकता है, उसे शहद कितना मीठा लगता होगा। बुरे दिनों का आसानी से बिताने का तीसरा टोटका यह है कि बुरे दिनों का अच्छा इस्तेमाल शुरू कर दें। मान भी लिया जाए कि सफलताएँ अथवा उपलब्धियाँ शुभ समय आने पर ही मिलती हैं, तो भी इस बात से इनकार नहीं कि कोई भी फल बगैर पूर्व तैयारी और मेहनत के नहीं मिलता। फलों का मौसम शुरू होते ही पहला फल प्राप्त करने से पहले कई महीने हमें खेत की जुताई, गुड़ाई व सिंचाई करनी होती है। जब हमें यह विश्वास हो जाए कि मौजूदा वक्त हमारे विपरीत चल रहा है तथा इस समय हमें कोई सुफल मिलना सम्भव नहीं है तो ऐसे में हमें चाहिए कि हम अच्छे दिनों में जैसे फल पाना चाहते हैं, उनके लिए इस अवधि में तैयारी शुरू कर दें। ऐसा करने के दो फायदे होंगे। पहला तो यह कि काम का आनन्द लेने के कारण बुरे दिन कब बीत गए, हमें यह पता ही नहीं चलेगा। दूसरा यह कि इस दौरान की गई सुनियोजित मेहनत भविष्य में हमें मिलने वाले फलों की संख्या और स्वाद में भी इजाफा करेगी।

लहरों के साथ हवा की सवारी

जब हम देख रहे हों कि हवा हमारे खिलाफ चल रही है और बार-बार के प्रयास के बावजूद कोई फल नहीं मिल रहा है तो ऐसे में खुद को हवा के हवाले कर देना भी आशावाद का एक टोटका है। उपलब्धियों के रास्ते पर जिन दिनों में खुद को नाकाम महसूस करें, उन दिनों में अपना ध्यान अपनी सेहत बनाने में, किताबें पढ़कर अपना ज्ञान बढ़ाने में या ध्यान के द्वारा अपने मन को मजबूत बनाने में समय खर्च करना चाहिए ताकि जब अच्छे दिन आएँ तो हम न सिर्फ सुफलों का स्वाद लेने के योग्य बने रहें बल्कि इसके बाद फिर किसी नई मंजिल के लिए शुरू होने वाली नई जंग के लिए बिल्कुल मुस्तैद भी हों।

देखें तस्वीर का दूसरा पहलू

भविष्यवाणियों की अपने हिसाब से व्याख्या कर लेना भी निराशा को आशा में बदलने का सुनहरी टोटका है। अगर भविष्यवक्ता कहे कि आपको फलां सफलता मिलने में काफी रुकावटें आएँगीं, ऐसी स्थिति में आशावादी इनसान इसकी व्याख्या यूँ करता है कि यदि मैनें रुकावटें दूर कर लीं तो सफलता मिलना तय है। इसी तरह अगर किसी कार्य में सफलता मिल जाए तो इसे अपनी कर्मशीलता की जीत मान कर उत्साहित हो लेना चाहिए, मगर असफलता भी हाथ लग जाए तो इसका ठीकरा भाग्य के माथे फोड़कर हाथ झाड़ते हुए निराशा से बाहर निकल आना चाहिए।

भविष्यवाणी को बनाएँ मार्गदर्शिका

सकारात्मक भविष्यवाणियाँ मन में उमंग का संचार करती हैं। इस उमंग को जिन्दा रखना सफलता का एक बड़ा टोटका है। मैनें अपने जीवन में महसूस किया है कि कुंडली के आधार पर किया जाने वाला व्यक्तित्व विश्लेषण आपके व्यक्तित्व की कई खूबियों को रेखांकित करता है। इनमें से जो भी बात आपको सच्चाई के करीब लगे, उस पर पूरा विश्वास करते हुए अपनी खूबियों का भरपूर उपयोग करने की योजना बना लेनी चाहिए। मुझे अपनी किशोरावस्था के दौरान ही अपनी कुंडली को लेकर बताया गया था कि मुझे जीवन में जो कुछ भी मिलेगा, अतिरिक्त मेहनत के बाद ही मिलेगा, मगर सफलता अवश्य मिलेगी। मैंने कुदरत से मिली शारीरिक चुनौती के बावजूद सुनिश्चित सफलता की भविष्यवाणी को अपना विश्वास बनाया और अतिरिक्त मेहनत को अपना रास्ता।

सिक्का उछाल

जीवन में कई बार समझदार लोग भी अनिर्णय के ऐसे दोराहे पर आ खड़े होते हैं जहाँ उनकी तर्क शक्ति भी जवाब दे जाती है। फिल्म 'शोले' में आपने देखा होगा दो दोस्त ऐसी परिस्थिति में सिक्का उछालकर निर्णय पर पहुँचते हैं। ऐसी स्थिति में ज्योतिष को भी निर्णय लेने के टोटके के रूप में इस्तेमाल

किया जा सकता है। आज से करीब 35 वर्ष पूर्व जब मैं पत्रकारिता की आरम्भिक सीढ़ियों पर पैर ही रख रहा था, मेरा प्रशासनिक सेवाओं में चयन हो गया। पत्रकारिता मन को रास आ रही थी तो सरकारी नौकरी मस्तिष्क को। अनिर्णय की इस स्थित में बरसों पहले अपने बारे में ज्योतिषियों की कही यह भविष्यवाणी काम आई कि लेखन और रचनात्मक क्षेत्र में भाग्य आजमाएँगे तो सफलता मिलेगी। भविष्यवाणियों का अनुसरण किया तो अपने निर्णय पर आज भी कोई पछतावा नहीं है।

व्यक्ति के व्यवहार की खुशबू है व्यक्तित्व

व्यक्तित्व दरअसल कहते किसे हैं, यह समझने के लिए चार्ल्स श्वेब की कही यह उक्ति जान लेना पर्याप्त है। वे कहते हैं, व्यक्ति का व्यक्तित्व के साथ वही रिश्ता है जो फूल का खुशबू के साथ होता है। लगभग यही बात गेटे कुछ इन शब्दों में कहते हैं कि व्यक्तित्व ऐसा आईना है, जिसमें हर कोई अपना प्रतिबिम्ब देख सकता है। रोजमर्रा के जीवन में हम अकसर किसी ठिगने, दुबले अथवा सामान्य-से दिखने वाले इनसान को देखकर ही उसे मामूली इनसान घोषित करने की भूलकर बैठते हैं, जबकि व्यक्तित्व का दायरा व्यक्ति के पहनावे-दिखावे से कहीं अधिक व्यापक है।

चेहरा न देखो

कहते हैं, व्यक्तित्व का कोई विजिटिंग कार्ड नहीं होता। व्यक्तित्व की पहचान व्यक्ति के साथ थोड़ा समय गुज़ार कर ही की जा सकती है। प्लेटो ने सम्पूर्ण व्यक्तित्व के तीन भागों में बाँटा है—शरीर, भावनाएँ तथा विवेक। व्यक्ति में इन तीनों में से जिस गुण की प्रधानता होती है, वही गुण उसकी पहचान बन जाता है। प्लेटो कहते हैं, जिस व्यक्ति का शरीर उसकी भावनाओं अथवा विवेक के मुकाबले बलवान होता है, वह व्यक्ति सिर्फ शारीरिक कार्यों के लिए ही सर्वाधिक उपयुक्त है। मसलन खेती, श्रम, सैन्य कार्य अथवा ऐसा ही कोई अन्य कार्य, जिस व्यक्ति की भावनाएँ प्रबल हैं, वह कला, सृजन, संगीत आदि कार्यों के लिए बना है, मगर जिस व्यक्ति में विवेक की प्रधानता है वही व्यक्ति समाज पर शासन करने के योग्य है। मनुष्य का व्यक्तित्व उसके

शरीर, काम-काज, आचरण और अतीत का मिला-जुला रूप है। इन सभी के समग्र सामाजिक प्रभाव से व्यक्ति और उसके प्रभा मंडल का निर्माण होता है।

प्रकृति ने किन्हीं भी दो व्यक्तियों को एक जैसा नहीं बनाया न ही दो व्यक्ति दुनिया में समान व्यक्तित्व के हो सकते हैं। कोई व्यक्ति शारीरिक दृष्टि से अधिक प्रबल है तो कोई बौद्धिक दृष्टि से। किसी में लम्बे समय तक निरन्तर कार्य करने की क्षमता अधिक है तो किसी में सोच की गहराई तक जा सकने की शक्ति। कोई व्यक्ति अच्छा अभिनय कर सकता है तो कोई बेहतर कविता अथवा शायरी की रचना कर सकता है। व्यक्ति की ऐसी ही विशिष्टताएँ एक अवधि के बाद उसके व्यक्तित्व की पहचान बन जाती हैं। इनमें से किसी भी क्षेत्र के व्यक्ति को इस आधार पर छोटे अथवा बड़े व्यक्तित्व का स्वामी नहीं कहा जा सकता कि उसका कार्य क्षेत्र बड़ा है अथवा छोटा।

व्यक्तित्व को सम्पूर्णता तक पहुँचाने वाली सात सीढ़ियाँ

किन्ही खास परिस्थितयों के बीच कौन व्यक्ति कैसा व्यवहार करता है, यही उसके व्यक्तित्व के परीक्षण का अवसर होता है और यही व्यक्तित्व के विकास का भी, मगर इसके बावजूद कुछ सूत्र ऐसे हैं जो सभी तरह के लोगों के लिए उपयोगी साबित हो सकते हैं।

साथ चलती है पुरानी अच्छाई-बुराई

व्यक्तित्व, व्यक्ति का सिर्फ मौजूदा आचरण नहीं होता बल्कि उसके पिछले जीवन के काम-काज, उपलब्धियाँ और लोगों के प्रति उसका व्यवहार और रिश्ते कैसे रहे हैं, यह सब भी इसमें शामिल होते हैं। इस लिहाज से कहा जा सकता है कि व्यक्तित्व सिर्फ वह नहीं होता जोकि हम होते हैं बल्कि वह भी होता है जिसे लेकर एक लम्बे अरसे के दौरान लोगों ने हमारे बारे में एक छवि बनाई है। इसका अर्थ यह है कि हम आज से पाँच साल बाद लोगों की नजर में अपनी जो छवि देखना चाहते हैं, हमें चाहिए कि अपनी इच्छित छवि को ध्यान में रखकर ही लोगों के सामने अपने कार्यकलाप प्रस्तुत करें एवं अपने आचरण पर खुद ही नजर रखना शुरू कर दें।

रोल मॉडल को जानें उसकी पृष्ठभूमि से

हर व्यक्ति अपनी किशोरावस्था के दौरान कुछ खास लोगों के व्यक्तित्व से इस कदर प्रभावित होता है कि वह उस व्यक्ति की छवि अपने अन्तस के भीतर तक उतार लेता है। यह खास व्यक्ति कोई फिल्म अभिनेता भी हो सकता है तो कोई राष्ट्रनायक भी। हमारा कोई शिक्षक भी हो सकता है तो हमारा कोई रिश्तेदार भी। हम अक्सर अपने ऐसे रोल मॉडल की चाल-ढाल, वेश-भूषा अथवा बोलचाल का ढंग अपना कर सन्तुष्ट हो लेते हैं। होना यह चाहिए कि हम पहले इन खास लोगों के व्यक्तिगत जीवन के बारे में अधिक-से-अधिक जानकारी हासिल करने का प्रयास करें। उन घटनाओं और उन प्रयासों को जानने का प्रयास करें, जिनका प्रभाव उनकी चाल ढाल और हाव-भाव पर परिलक्षित होता है। उनके जैसा बनने अथवा अपने व्यक्तित्व के पात्र को उनकी कुछ अच्छी बातों से भरने के लिए हमें उनके जीवन में यह ढूँढ़ना पड़ेगा कि सफलता के मुकाम तक पहुँचने से पहले उन्होंने ऐसा क्या-क्या किया, जिसने उन्हें औरों से अलग साबित किया। इसके अतिरिक्त उनके जीवन में जब भी कभी विपरीत समय आया, उन्होंने परिस्थितियों से निपटने के लिए क्या रणनीति अपनाई अथवा अपने आप को कैसे धैर्य में बाँधे रखा?

खुद पर नजर रखें जब एकान्त में हों

व्यक्तित्व-निर्माण की राह में यह बात महत्त्वपूर्ण है कि सफल लोग भीड़ में जिस व्यक्तित्व की आभा बिखेरते हैं, उस व्यक्तित्व का निर्माण हमेशा एकान्त के सन्नाटे में होता है। हम अपने व्यवहार का तब अध्ययन करें जब हमें कोई नहीं देख रहा होता है। अपने भीतरी खोखलेपन को मापने का यह सर्वश्रेष्ठ अवसर होता है। लोगों के बीच हमारा व्यवहार अक्सर बनावटी रहता है, किन्तु जब अकेले होते हैं, पूरी तरह अपने स्वाभाविक रूप में होते हैं। एकान्त में हमारी बैठने, सोने अथवा खाने-पीने की मुद्रा पूर्णतया बेपरवाह और स्वाभाविक होती है। जब कोई व्यक्ति अकेलेपन में अपने व्यवहार, हाव-भाव अथवा मुद्राओं को स्वयं देख परखकर सुधार रहा होता है, वह अपने स्वभाव को इसकी नींव से ठीक कर रहा होता है और जब कोई बात व्यक्ति का स्वभाव बन जाती है तो भीड़ में उसे अच्छी मुद्राएँ बनाने के लिए आडम्बर नहीं करना पड़ता।

कमजोरियाँ : हमारी जीत की चौकियाँ

व्यक्तित्व-निर्माण की अपनी यात्रा शुरू करने से पहले हमें एक कागज और कलम लेकर अपनी कमजोरियों और खूबियों की अलग-अलग सूची बनानी चाहिए। याद रखें, ईश्वर ने हर व्यक्ति को एक बड़ी कमजोरी और एक बड़ी खूबी अवश्य दी है। अपनी सबसे बड़ी खूबी और सबसे बड़ी कमजोरी को पहचान लेने का अर्थ यह है कि हमने कामयाबी की लगभग आधी मंजिल तय कर ली। ऐसा करने का सबसे बड़ा लाभ यह है कि हम उसी क्षेत्र को अपनी कर्मभूमि के रूप में चुनेंगे, जिसके लिए ईश्वर ने हमें बनाया है। अपनी कमजोरियों की पहचान युद्ध में आधी विजय के समान है। इन्हें जान लेने के बाद इनसे निजात पाना कतई असम्भव नहीं। अपनी कमियों की सूची को अपनी काम करने की टेबल पर सामने रखें। हर कमजोरी को युद्ध की एक-एक चौकी समझें। एक-एक चौकी पर फतह करें और मंजिल की ओर कदम बढ़ाते चलें। हमारी सबसे बड़ी खूबी इस युद्ध में हमारा हथियार है तो हमारी सबसे बड़ी कमजोरी हमें जगाए रखने वाली अलार्मिंग बेल।

पूर्णता के लिए गतिशीलता

व्यक्तित्व हमारे शरीर, सोच और व्यवहार का समन्वित रूप है। हम अपने शरीर की कमियों को अपने कार्यों से, कार्य की कमियों को अपने व्यवहार से और व्यवहार की कमियों को अपनी सोच से दूर कर सकते हैं। अपनी कमियों को अपनी खूबियों से भरने का निरन्तर प्रयास ही एक दिन व्यक्तित्व को सम्पूर्णता प्रदान करता है। यह समस्त सृष्टि निरन्तर पूर्णता की ओर अग्रसर रहती है। नदियाँ समुद्र में और समुद्र भाप बनकर बादल में बदलने के लिए निरन्तर गतिशील रहता है। वायु मंडल में कम दबाव का क्षेत्र ही मानसून को अपनी ओर आकर्षित करता है। हर किसी का अधूरापन उसे पूरा होने के लिए गतिशील रखता है। मनुष्य को भी यदि सम्पूर्ण बनना है तो उसे निरन्तर गतिशील रहना पड़ेगा। मनुष्य की कमियाँ उसे गतिशील रहने के लिए जगह मुहैया कराती हैं। ये कमियाँ ही मनुष्य को कार्य करने की दिशा दिखाती हैं।

अनैतिक न हो हमारा रोल मॉडल

हमेशा श्रेष्ठ एवं अच्छे लोगों को ही अपना रोल मॉडल बनाना चाहिए। ध्यान रहे, समाज में आज तक सिर्फ उन्ही लोगों को सम्मान, यश और शान्ति मिली है जिनकी सोच सकारात्मक और आचरण लोकोचित रहा है। जब हम व्यक्तित्व की बात करते हैं तो मनुष्य के ऐसे गुणों की बात कर रहे होते हैं जो न सिर्फ व्यक्ति विशेष को श्रेष्ठ जीवन का रास्ता दिखाएँ बल्कि समूची मानव जाति को सुख, शान्ति, आनन्द और सम्मान दिलाते हों। नकारात्मक विचार वाले लोग भले कुछ समय के लिए अन्य लोगों पर अपनी ताकत साबित कर लें, मगर जीवन भर की शान्ति और पूरे समाज का सम्मान उन्हें कतई नहीं मिल सकता। इसका अर्थ यह भी है कि हम सिर्फ सकारात्मक व्यक्तित्व का निर्माण करके ही अपने लिए सफलता, सुख, शान्ति और सम्मान अर्जित कर सकते हैं।

छूटे नहीं हमारी मौलिकता

हम अपने लक्ष्य तक पहुँचने के लिए किसी को अपना रोल मॉडल अवश्य बनाएँ, मगर अपने आपकी मौलिकता न खोएँ। हमेशा अपने आप में रहें। अपने में आस्था रखें तथा अपने आपको ही अभिव्यक्त करने का प्रयास करें, किसी और को नहीं। विश्व में जितने भी लोग हैं, उनमें कोई-न-कोई चीज ऐसी अवश्य होती है जो उन्हें औरों से अलग बनाती है। यह मौलिकता उसके माता-पिता द्वारा दिए गए संस्कारों से लेकर उसकी पारिवारिक पृष्ठभूमि, शिक्षक, मित्रगण एवं परिस्थितियों से मिलकर बनती है। विश्व के किन्हीं भी दो महान व्यक्तियों का व्यक्तित्व एक जैसा नहीं है। इसका कारण भी यही है कि इनकी पृष्ठभूमि में आए पात्रों का व्यक्तित्व भी अलग-अलग था। किसी के पिता कठोर स्वभाव के थे तो किसी के गुरु। किसी का पालन-पोषण आर्थिक तंगी में हुआ तो किसी का सर्वसम्पन्नता में। इन सब बातों के मिले-जुले प्रभावों के कारण ही एक व्यक्ति विशेष परिस्थितियों में एक विशेष प्रकार का व्यवहार करने लगता है। प्रत्येक व्यक्ति को चाहिए कि वह किसी भी व्यक्ति का अनुसरण करने से पहले अपनी मौलिक पृष्ठभूमि को न भूले। यदि अपनी मौलिकता खोकर किसी का अनुसरण किया गया तो कुछ ही दिन बाद हम पाएँगे कि हम न घर के रह पाए हैं और न ही घाट के।

फूल तेरे ही बगीचे में उगे, क्या यह जरूरी है

कहने वाले ने गलत नहीं कहा है कि आनन्द किसी वस्तु में नहीं, खुद इसे महसूस करने वाले के भीतर होता है। कश्मीर की वादियों में खिले फूलों को निहार रहा इनसान भी यह खयाल अपने मन में लाकर अपनी सैर के आनन्द को काफ़ूर कर सकता है कि काश इन वादियों में एक सौ छत्तीस गज का ही सही, अपना खुद का भी एक प्लाट होता। ये लोग वो हुआ करते हैं जिनका अगर खुशकिस्मती से वहाँ अगर जमीन का कोई टुकड़ा हुआ भी होता तो ये लोग शायद यह खयाल मन में लाकर कुढ़ रहे होते कि काश! अपना यहाँ 60 बीघा का कोई फार्म हाउस होता। कम या ज्यादा ऐसी कुछ कुछ प्रवृत्ति हम सभी में पाई जाती है। इस फ़ितरत पर महाकवि रवीन्द्रनाथ टैगोर ने लिखा है—

पक्षी चाहता है मैं बादल होता,
बादल चाहता है मैं पक्षी होता।

सच तो यह है कि आनन्द और सुख सिर्फ मन की एक अवस्था है। बोवी नाम के एक चितेरे ने कहा है सौन्दर्य देखने वाले की नजर में होता है। एक इनसान सूखी चट्टानों से अटे निर्जन पहाड़ को निहारकर भी खुश हो लेता है, एक दूसरा इनसान अपने घर के बगीचे में खिले विदेशी फूलों के करीब रहकर भी मन से मुर्झाया नजर आता है। आनन्द का असली मर्म समझने वाले लोग इस बात को अच्छी तरह समझते हैं कि चाँद का सौन्दर्य आकाश में और आकाश का सौन्दर्य प्रकृति में ही खिलता है। दुनिया का सम्पन्नतम इनसान भी अपने सौन्दर्य प्रेम की खातिर चाँद, सूरज, नदी या समन्दर को अपने ड्राइंगरूम में कैद नहीं कर सकता। कुदरत में ऐसी बहुत-सी और भी

चीजें हैं, जिनसे आनन्द पाने के लिए बड़े-से-बड़े शासक को भी चलकर इनके पास ही जाना होता है।

हर अच्छी वस्तु का किसी के अधिकार में होना जरूरी नहीं। आनन्द पाने का एक बड़ा सूत्र यह है कि आनन्द देने वाली वस्तु जहाँ है, जिस अवस्था में है, उसी अवस्था में उससे आनन्द प्राप्त किया जाए। ठीक इसी तरह हमें अच्छे लगने वाले दूसरों के हर हुनर में खुद का सिद्धहस्त होना जरूरी नहीं। हुनर जिसके पास अभी है, उसके पास देखकर भी इससे खुश हुआ जा सकता है। प्रत्येक आनन्ददायक घटना के केन्द्र में भी खुद का होना जरूरी नहीं। सैंकड़ों दर्शकों की भीड़ का हिस्सा बनकर भी किसी आनन्द का आनन्द लिया जा सकता है। विडम्बना यह है कि इस दौर में हर इनसान सिर्फ खुद बोलना चाहता है, किसी और की सुनना नहीं चाहता। खुद लिखना चाहता है, किसी और के लिखे का आनन्द नहीं लेना चाहता। सुरीला गायक सामने गा रहा है, मगर अपनी बेसुरी अलाप उससे मिलाने की धुन में मीठी आवाज के सुरीलेपन से भी वंचित हो जाता है।

आनन्द मार्ग के सात पड़ाव

अजीब-सी बात है चारों तरफ आनन्द बिखरा पड़ा है और लोग अपने लिए दु:ख बटोर रहे हैं। इनसान की ऐसी ही बेसिर-पैर की भाग-दौड़ के बीच कुछ स्थान दिखाई देते हैं जिन्हें 'आनन्द मार्ग के पड़ाव' कहा जा सकता है।

नदी और पहाड़ को बाँधने की इच्छा न पालें

भारतीय प्राचीन दर्शन में आनन्द मार्ग का सर्वश्रेष्ठ साधन इच्छाओं का त्याग बताया गया था, मगर आधुनिक दौर पूरी तरह इच्छाओं की नींव पर खड़ा है जिसमें इच्छाओं का पूर्ण त्याग सम्भव ही नहीं। इसके बावजूद इच्छाओं पर इतनी तर्कसंगत लगाम तो आज भी लगाई ही जा सकती है कि हम नदी, समुद्र, पहाड़ और सूर्य को अपनी सम्पत्ति बनाने जैसी इच्छाएँ तो कम-से-कम पालने की जुर्रत न करें। कहने का आशय यह है कि हम अपने जीवन के लक्ष्य कम-से-कम ऐसे अवश्य बनाएँ जिन्हें इसी जीवन में हमारे लिए प्राप्त करना हमारी मौजूदा परिस्थितियों के बीच ही सम्भव हो। यह तो समझ में आता है कि

हम वांछित शैक्षणिक योग्यता प्राप्त कर लेने के पश्चात् एक सफल डॉक्टर, इंजीनियर, वैज्ञानिक या व्यापारी बनने की इच्छा करें, मगर कोई व्यापार शुरू करने से पहले ही अगर हम यह जिद पाल लें कि उसे तो अगले पाँच वर्ष के भीतर बिल गेट्स से ज्यादा सम्पत्ति कमानी है तो निश्चित मानना चाहिए कि 'आनन्द' जैसे शब्द हमारे शब्दकोश से कोसों दूर ही रहने वाले हैं।

जो जिसके पास है, उसी के पास रहने दें

जीवन के आनन्द का एक प्रमुख शत्रु इनसान की यह चाहत है कि उसे वह सब कुछ मिल जाए जो कुछ भी दूसरों के पास है। मसलन, कोई अच्छा वक्ता है तो हम चाहते हैं कि हम उसके जैसे वक्ता बन जाएँ। कोई अच्छा गायक है तो हम चाहने लगते हैं कि हमें भी उसके जैसी सुरीली आवाज मिल जाए। किसी के पास अपार दौलत है तो हम चाहते हैं कि उसके जितनी दौलत हमें मिल जाए, मगर यदि हमें खुश रहना है तो हर वस्तु और हर गुण को हमें उसके उसी स्थान पर स्वीकार करना होगा जहाँ वह अभी अवस्थित है। जिस तरह हम चाँद और सूरज के लिए ईश्वर द्वारा तय की गई जगह को श्रेष्ठतम मान कर स्वीकार करते हैं, उसी तरह हमें चाहिए कि किसी व्यक्ति में मौजूद वक्तृत्व के गुण, किसी साहित्यकार की विशिष्ट शैली, किसी गायक की मीठी आवाज या किसी व्यक्ति विशेष की नेतृत्व क्षमता को भी स्वीकार कर ईश्वर के निर्णय में विश्वास व्यक्त करें। इसका यह अर्थ कतई नहीं कि हम किसी को प्रेरणा मान कर अपना विकास रोक दें। कहने का आशय सिर्फ इतना है कि हर किसी की सम्पदा पर अपना अधिकार रखने की इच्छा करने के बजाय इन वस्तुओं और इन गुणों को इनके स्वामियों की ही सम्पदा मान कर भी आनन्दित होना सीखें।

आपके भीतर जो है, उसे ढूँढ़ें

प्रकृति ने यदि किसी अन्य व्यक्ति को कोई विशेष गुण दिया है तो ऐसा नहीं हो सकता कि आपको उसने कोई विशिष्टता न दी हो। मालिक ने किसीको श्रेष्ठतम चित्रकार या खिलाड़ी बनाया है तो भरोसा रखें आपके भीतर भी कुछ ऐसा

अवश्य दिया है जिसे आप श्रेष्ठतम स्तर पर ले जा सकें। इसे पहचानें और इसे ही अपनी पहचान बनाएँ। किसी और की विशिष्ट विधा उसी के लिए छोड़ दें।

हम सबसे सम्पन्न हैं

आनन्दित होने के लिए अपने पास कुछ होना अथवा कुछ पाना जरूरी नहीं। आनन्द और खुशी महज एक अहसास का नाम है। हम अहसास करें कि हम जिस ग्रह पर रह रहे हैं उस पर पानी है, ऑक्सीजन है, हरियाली है, जीवन है, हम हैं, हमारे अपने हैं, मगर किसी अन्य ग्रह पर इनमें से कुछ भी नहीं। हमारा यह एहसास हमें महसूस कराएगा मानो हम दुनिया के सम्पन्नतम व्यक्ति हैं।

भीड़ का हिस्सा बनकर देखें

हर कार्यक्रम में प्रस्तोता, हर सभा में वक्ता या हर विधा में रचेता होने की इच्छा हमें तनाव, ईर्ष्या अथवा दुःख पहुँचाती है। कुछ देर के लिए भीड़ का हिस्सा बनकर देखें। ऐसा लगेगा मानो हमारे जेहन का सारा बोझ पिघलकर बह गया हो।

तारीफ करके देखें

अपने से अलग और लोगों की विशेषताओं, गुणों अथवा प्रतिभाओं के प्रति उन्मुक्त प्रशंसा का भाव मन में पैदा करें। सिर्फ अपनी ही तारीफ सुनने की इच्छा असन्तोष का कारण बनती है। जी भर कर औरों की तारीफ आपको कभी खत्म न होने वाली खुशी का अहसास दे सकती है।

अपना अलग कुछ जरूरी नहीं

अपनी एक अलग फर्म, अपना एक अलग संगठन, अपना एक अलग आयोजन, अपना एक अलग मीडिया, अपनी एक अलग दुकान जमाने की प्रवृत्ति हमारे आनन्द की सबसे बड़ी शत्रु है। किसी और के किए गए आयोजन, किसी और के बनाए संगठन या कार्यक्रम में यथा शक्य सहयोग करके देखें, कैसी खुशी मिलती है?

दोस्त होता नहीं हर हाथ मिलाने वाला

इनसानी रिश्तों को लेकर कहने वालों ने गलत नहीं कहा है कि रिश्ते कमाने में पीढ़ियाँ बीत जाती हैं, मगर रिश्ता गँवाने में एक मिनट भी पूरा नहीं लगता। काँच की तरह नाजुक इन कीमती रिश्तों को बनाने, निभाने और तोड़ने, तीनों ही कामों में निहायत सावधानी, सूझबूझ और विवेक की जरूरत होती है।

कुछ रिश्ते ऐसे होते हैं जो नैसर्गिक तौर पर बनते हैं, जिन्हें हम खून का रिश्ता भी कहते हैं। इन रिश्तों को न जोड़ना हमारे हाथ में है और न ही तोड़ना, मगर लोक व्यवहार के दौरान हम सायास और अनायास कुछ ऐसे रिश्तों से जुड़ जाते हैं जिन्हें हम दोस्ती का नाम दे देते हैं। दोस्ती के मायने समझे बगैर हम इन रिश्तों को दोस्ती कहकर इनसे दोस्त जैसी अपेक्षाएँ कर बैठते हैं, मगर अपनी अपेक्षाओं के शीशे पर हलकी-सी दरार आते ही झटके से यह रिश्ता तोड़कर अपनी दोस्ती तो दूर, दुश्मनों की कतार में एक नया नाम जोड़ बैठते हैं। इस मामले में अहमद फ़राज की चन्द पंक्तियों पर हमें अवश्य गौर करने की जरूरत है—

तुम तकल्लुफ़ को भी इख़लास समझते हो 'फ़राज़'
दोस्त होता नहीं हर हाथ मिलाने वाला।

दोस्ती और राजनीति हालाँकि बहुत दूर की चीजें हैं, मगर कुछ बातें हर जगह प्रासंगिक-सी प्रतीत होती हैं। अन्तरराष्ट्रीय राजनीति की पुस्तक में पढ़ा हुआ यथार्थवाद का सिद्धान्त मुझे कुछ सीमा तक आम आपसी रिश्तों के लिए भी उपयोगी नजर आता है। विभिन्न राष्ट्रों का सन्दर्भ लेते हुए यथार्थवाद कहता है कि कोई भी राष्ट्र राष्ट्रीय हित की कीमत पर किसी अन्य राष्ट्र के

साथ दोस्ती नहीं निभा सकता। इसके बावजूद प्रत्येक राष्ट्र न्यूनतम साझे हितों की सीमा तक एक-दूसरे से संवाद और सम्बन्ध बनाकर चलता है। यहाँ तक कि दुश्मन देशों के साथ भी अपने अपने राजनयिक के माध्यम से संवाद और सम्बन्ध कायम रखे जाते हैं। संवाद कायम रखने के पीछे प्रत्येक राष्ट्र का मकसद यह होता है कि भले दो राष्ट्रों के बीच भावनात्मक सम्बन्ध कायम न हो सकें, मगर आर्थिक, सामरिक, राजनीतिक अथवा कानून व्यवस्था सम्बन्धी किसी भी राष्ट्रीय हित में दोनों राष्ट्रों का हित सधता हो तो इसके लिए बातचीत अवश्य होनी चाहिए। व्यक्तिगत सम्बन्धों में हालाँकि राजनय अथवा कूटनीति की सीमा तक भावनात्मक रिश्तों को नजरअनदाज़ तो नहीं किया जा सकता, मगर राजनय और कूटनीति से यह तो सीखा ही जा सकता है कि किसी के साथ दोस्ती न निभ सके तो इतनी दुश्मनी भी न हो कि पारस्परिक संवाद ही कायम न रहे। इस सम्बन्ध में बशीर बद्र की ये पंक्तियाँ भी काबिले गौर हैं—

दुश्मनी जम कर करो लेकिन ये गुंजाइश रहे,
जब कभी दोस्त हो जाएँ तो शर्मिन्दा न हों।

रिश्तों के रास्ते की सात सीढ़ियाँ

रिश्ते बनाने और रिश्ते निभाने की कुछ बातें अनुभव के निचोड़ के रूप में यहाँ पेश हैं।

जल्दबाजी ठीक नहीं

कोई भी रिश्ता कायम करें तो इसे धीरे-धीरे आगे बढ़ाएँ। हर इनसान के व्यक्तित्व की कई जटिल परतें होती हैं जिनके पार पहुँचने में वक्त लगता है। वक्त की धीमी आँच में सिंकी हुई रिश्तों की रोटी ही स्वादिष्ट हो सकती है। दुनिया में अलग-अलग तरह के व्यक्तित्व होते हैं। कुछ लोग किसी से पहली ही मुलाकात में खुल जाते हैं और ऐसा प्रदर्शन करते हैं मानो आपसे बरसों पुरानी पहचान हो। सम्भव हो ऐसे लोग कभी पलटकर आपको दोबारा फोन तक न करें। दूसरी तरफ कुछ लोग ऐसे होते हैं जो धीरे-धीरे अपने व्यक्तित्व की परतें खोलते हैं। इन परतों के भीतर कुछ अच्छा भी छिपा हो सकता है तो

कुछ अप्रिय भी। बहुत-सी ऐसी चीजें भी सामने आती हैं जो भले बुरी न हों, मगर आपको पसन्द न हों। ऐसी स्थिति में किसी भी व्यक्ति के साथ पहली ही मुलाकात में उसे लेकर राय बना लेना समझदारी नहीं कहा जा सकता।

बहुत बारीक है रिश्तों की रेखा

लोक व्यवहार में परिचित, साथी, सहकर्मी, सहयात्री, मिलनेवाला, पड़ोसी, बिजनेस पार्टनर और दोस्त जैसे रिश्तों के बीच की महीन रेखा को समझना जरूरी है। हर मिलने वाले से न अन्तरंग होना जरूरी है और न उससे ऐसी उम्मीद करना लाजमी है। दफ्तर में आपका कोई एक सहकर्मी आपके अन्य सहकर्मियों की अपेक्षा आपके अधिक नजदीक अवश्य हो सकता है, मगर वह आपके उस मित्र की जगह नहीं ले सकता जिसके साथ आपकी मैत्री आपके स्कूल के समय से चली आ रही हो। लम्बी चलने वाली मैत्रियाँ दु:ख और सुख की धूप-छाँव में परिपक्व होने के बाद ही स्थायित्व का रूप लेती हैं।

पड़ोसी बनाम मित्र

कोई दोस्त न हो, इसका मतलब यह कतई नहीं कि उससे अच्छे सम्बन्ध नहीं रखे जा सकते। भावनात्मक जुड़ाव न होने के बावजूद जहाँ तक सम्भव हो, एक-दूसरे की मदद करके, प्रसन्नता पूर्ण व्यवहार करके अथवा सामान्य शिष्टाचार के द्वारा अच्छे सम्बन्ध कायम रखे जा सकते हैं। मैं एक दिन अपने बचपन के किसी मित्र के घर गया। उस समय मित्र के पास एक अन्य सज्जन बैठे हुए थे। मित्र ने परिचय कराया। "ये शर्माजी हैं। पड़ोस में रहते हैं। बहुत ही अच्छे इनसान हैं।" मित्र ने बताया एक दिन-रात्रि के समय उसकी तबियत खराब हो गई। शर्माजी खुद उसे अपनी मोटर साइकिल पर बैठाकर अस्पताल ले गए और रात्रि दो बजे तक उसके पास ही बैठे रहे। इसके बाद मित्र ने जब मेरे बारे में शर्माजी को बताया तो वह मुस्कुराकर हाथ मिलाते हुए यह कहकर वहाँ से चल दिए कि भाई, अब बचपन के जिगरियों के बीच हड्डी बनकर टिका रहना ठीक नहीं है, मुझे इजाजत दीजिए। शर्माजी से खासी आत्मीयता होने के बावजूद मेरे मित्र ने उन्हें रुकने के लिए बाध्य नहीं किया और न ही

खुद शर्माजी ने मेरे प्रति किसी तरह का द्वेष भाव दर्शाया। रिश्तों की इतनी-सी समझ हमारे चाहने वालों की कतार लगा सकती है।

ध्यान में रखें उनकी भी मजबूरियाँ

ध्यान रखें, आम तौर पर कोई भी व्यक्ति अपने हित की कीमत पर आपसे कोई रिश्ता कभी कायम नहीं रखेगा। इनसान के लिए अपना और अपने परिवार का जीवन, अपनी सम्पत्ति, अपने व्यावसायिक या आर्थिक हित सर्वोपरि हैं। कोई व्यक्ति यदि इनमें से किसी भी एक की वजह से आपकी अपेक्षा पूरी न कर सकें तो उसके प्रति नाराज़गी न रखे। उससे सामान्य शिष्टाचार पूर्ववत् जारी रखें। हो सकता है, वह व्यक्ति जीवन में किसी अन्य अवसर पर आपके किसी अन्य काम आ जाए। मेरे एक अजीज मित्र को एक बार किसी जरूरी काम से शहर के बाहर जाना पड़ा। यात्रा के दौरान ही उसे मोबाइल पर प्राप्त मैसेज के जरिये मालूम पड़ा कि उसके घर का बिजली का बिल जमा कराने की आखिरी तारीख अगले ही दिन है। उसे अगले पूरे सप्ताह शहर से बाहर रहना था, अत: उसने पड़ोस में रहने वाले किन्हीं शर्माजी से अनुरोध किया कि वे उसका बिल जमा करवा दें वह लौटने पर इसका भुगतान कर देगा। शर्माजी किन्हीं व्यक्तिगत परेशानियों के चलते यह बिल जमा नहीं करवा पाए और मित्र का बिजली का कनेक्शन कट गया। मित्र जब घर लौटा तो घर में अँधेरा पाकर रात गुजारने के लिए मेरे एक अन्य मित्र के घर जा पहुँचा जहाँ संयोग से मैं भी मौजूद था। मित्र ने घटना-क्रम बताते हुए गुस्से में कहा कि इस पड़ोसी शर्मा को मैं सुबह होते ही अच्छे-खासे भजन सुनाकर आऊँगा। मैंने उसे शान्त करते हुए कहा कि वह ऐसा न करे। सम्भव है, शर्माजी की अपनी कोई समस्या रही होगी। मित्र झगड़ा न करने पर सहमत हो गया, मगर उसने शर्माजी से बातचीत बन्द कर दी। संयोग से दो दिन बाद ही मित्र घर की सीढ़ियों से फिसलकर गिर पड़ा और उसके पैर में जबर्दस्त चोट आई। घर पर उस समय कोई नहीं था। इसी समय दरवाजे की घंटी बजी। मित्र ने आवाज दी तो पड़ोस वाले शर्माजी भीतर चले आए। मित्र को जमीन पर गिरा देख उन्होंने तुरन्त उसे सहारा देकर उठाया और अपने स्कूटर पर अस्पताल ले जाकर न सिर्फ उसकी मरहम-पट्टी करवाई बल्कि उसके परिवार के लौटने

तक उसका ध्यान भी रखा। इसी दरमियान शर्माजी ने माफी माँगते हुए मित्र को बताया कि बिल जमा कराने के लिए जब उसका फोन मिला वे खुद मलेरिया ग्रस्त होकर अस्पताल में भर्ती थे, मगर उन्होंने यह काम अपने भतीजे को सौंप दिया था। भतीजा बिल जमा कराने दफ्तर भी गया था, मगर बाबू सीट पर नहीं मिला। अगले दिन दफ्तर की छुट्टी थी और फिर भतीजा भूल गया।

काम का औजार नहीं होता दोस्त

हम यदि आपसी सम्बन्धों को दोस्ती के मुकाम तक पहुँचाना चाहते हैं तो इसके लिए हमें चाहिए कि किसी प्रभावशाली व्यक्ति से कभी परिचय हो जाए तो उसे सिर्फ काम निकालने का औज़ार भर समझने से बचें। हम अक्सर भूल जाते हैं कि एक सफल व्यक्ति भी एक इनसान ही होता है। उसे भी सच्चे दोस्तों, एक खुशमिजाज मित्र मंडली और एक ऐसी जगह की तलाश होती है जहाँ वह अपने आप को खुलकर अभिव्यक्त कर सके, जहाँ वह अपना मन हलका कर सके। यदि उसे यह लगने लगे कि कोई व्यक्ति सिर्फ अपना मतलब साधने के लिए उससे नजदीकी बढ़ा रहा है तो वह ऐसे व्यक्ति से आरम्भ में ही दूरी बनाना शुरू कर देगा। यदि हम वास्तव में ऐसे व्यक्ति की दोस्ती चाहते हैं तो उसे हमारी नेकनीयती का विश्वास दिलाना होगा। परिचय को प्रगाढ़ता तक पहुँचाने के लिए नियमित रूप से मुलाकात जरूरी है। सिर्फ काम के समय ही बड़े आदमी को याद करना ठीक नहीं। सम्भव है, ऐसे व्यक्ति को भी कभी आपकी सोहबत की जरूरत महसूस हो। ऐसे अवसरों पर तुरन्त हमें उपलब्ध रहने का प्रयास करना चाहिए। कहते हैं, मित्रता बराबर वालों में हुआ करती है। जरूरी नहीं कि दोनों में बराबरी एक ही मामले में हो। एक व्यक्ति यदि शारीरिक बल में ज्यादा है तो दूसरा बुद्धि बल में ज्यादा हो सकता है, मगर यदि कभी एक को दूसरे की जरूरत पड़ भी जाए तो उसे उतनी ही जहमत देनी चाहिए, जितनी कि हम उसके लिए उठाने में सक्षम हों।

दोस्ती दिल से

यूरीपडीज के अनुसार, विवेकशील मित्र किसी भी व्यक्ति के लिए सबसे बड़ा वरदान होता है, मगर मित्रता एक भावनात्मक रिश्ते का नाम है जो हर किसी

से नहीं हो सकती। सुकरात ने कहा है कि जब किसी से दोस्ती कर लो तो फिर किसी भी कीमत पर इसे निबाहो। वास्तविक मित्रता में दिमाग की कम और दिल की भूमिका अधिक होती है। अगर किसी को हमने दिल से दोस्त मान लिया तो फिर हिसाब और गणित को ताक पर रख दें, मगर ध्यान रखें कि दोस्ती में स्पर्धा कुछ लेने की नहीं बल्कि देने की होती है।

दुशमनी जम कर करो लेकिन

कहते हैं कि सबसे अच्छा दोस्त ही वक्त आने पर सबसे बड़ा दुश्मन साबित होता है। रिश्तों को टूटकर दुश्मनी की सीमा तक पहुँचने से हर हालत में रोकना चाहिए। अच्छे दोस्त बड़ी मुश्किल से मिला करते हैं। लाख दोस्ती होने पर भी कभी-न-कभी अच्छे दोस्तों के बीच भी किसी बात पर अनबन हो ही जाती है। यही क्षण अच्छी दोस्ती के लिए परीक्षा की घड़ी साबित हुआ करती है। अपने किसी अच्छे दोस्त से जरा-सी अनबन होते ही हम किसी अन्य व्यक्ति से उसकी बुराई करने के लिए बेताब हो उठते हैं। बस, यही कमजोरी हमारे लम्बे रिश्तों के लिए जहर का काम किया करती है। किसी अच्छे मित्र से कुछ समय के लिए किसी बात पर अनबन हो ही जाए तो भी सामान्य शिष्टाचार न तोड़ें। दूरी रहते हुए भी दूर हुए व्यक्ति के बारे में उसकी उपस्थिति अथवा अनुपस्थिति में कोई ऐसी बात न कहें जिसे लेकर भविष्य में आपको कभी शर्मिन्दा होना पड़े। जब किसी अन्य व्यक्ति के माध्यम से यह बात आपके मित्र तक पहुँचती है कि नाराजगी के दौर में भी आपने उसकी अनुपस्थिति में उसकी तारीफ करना नहीं छोड़ा तो ऐसे में जब आप फिर से मिलते हैं तो दोस्ती पहले से ज्यादा प्रगाढ़ होती है।

छुटती नहीं है मुँह से ये काफिर लगी हुई

नासेहों ने शराब और नशाखोरी के खिलाफ अब तक इतना कुछ कह डाला है कि आलोचना के अल्फ़ाज भी नशे से लड़खड़ाने लगे हैं। मन्दिर से लेकर मस्जिदों तक स्कूल की किताबों से लेकर धर्म ग्रंथों तक और कानून से लेकर नैतिक उपदेशों तक में शराबखोरी के खिलाफ हिदायतों का सैलाब लहरा रहा है, मगर नशे की लत है कि सर चढ़कर बोलने पर आमादा है। पब्लियस साइरस नाम के दार्शनिक ने कहा है कि जितने लोग आज तक समुद्र में नहीं डूबे, उससे ज्यादा लोग शराब में डूब चुके हैं। महान कवि मिल्टन ने तो यहाँ तक कह दिया कि संसार की सारी सेनाएँ मिलकर इतने इनसान और इतनी सम्पत्ति नष्ट नहीं कर सकती जितनी कि अकेली इस अंगूर की बेटी ने कर डाली है। आज तक किसी की समझ में यह नहीं आ सका है कि जिन्दगी का दुश्मन मानने के बावजूद लोग इसके इस कदर दीवाने क्यों हैं? असद मुल्तानी साहब ने तो यहाँ तक कह दिया कि,

शराब बन्द हो साकी के बस की बात नहीं।
तमाम शहर है, दो चार दस की बात नहीं॥

शायरों के कसीदे

कहा जा सकता है कि शराब में कुछ तो ऐसा है, जिसकी वजह से जानते-बूझते जमाना आँख मूँदकर मौत के इस सैलाब में डुबकी लगा रहा है। इस कुछ को समझाने की कोशिश में बड़े-बड़े उस्तादों ने दीवान के दीवान रच डाले हैं, जिगर मुरादाबादी मय की हिमायत में नासेह तक को चुनौती देते हुए कहते हैं,

किधर से बर्क चमकती है देख ले वाइज,
इधर मैं जाम उठाता हूँ, तू किताब उठा।

जिगर साहब वाले शरारती अन्दाज में ही फिराक कुछ यूँ फरमाते हैं,

आए थे हँसते खेलते मैखाने में फिराक,
जब पी चुके शराब तो संजीदा हो गए।

सागरो मीना पर मिर्जा गालिब के कसीदे हर आम की जुबान से सुने जा सकते हैं। वे कहते हैं,

गालिब छुटी शराब पर अब भी कभी-कभी,
पीता हूँ रोजो अब्र[1] शबे माहताब[2] में।

लोग शराब क्यों पीते हैं, इस सवाल के इतने सुनिश्चित और सार्वभौमिक जवाब मिलते हैं मानो जवाब देने वाले सभी लोगों ने एक साथ एक ही प्रयोगशाला में इसे लेकर रिसर्च की हो। मसलन, 'यार कुछ भी कहो यह काम की सारी थकान मिटा डालती है।' 'क्या बताएँ, जान को टेन्शन इतने हैं कि न पियें तो मर ही जाएँ।' 'भैया, लाख कोस लो इसे, इसमें जो जोश और मस्ती है वह किसी दूसरी दवा में नहीं। हम कोई नशेड़ी–शराबी नहीं हैं। वो तो सोसाइटी में उठना-बैठना पड़ता है, सो साथ तो देना ही पड़ता है।' एक जोरदार तर्क इन पहुँचे हुए ज्ञानियों का यह भी है कि विश्व के जितने भी जीनियस हुए हैं, उन्होंने अपनी सर्वश्रेष्ठ रचनाएँ कोई सादे में थोड़े ही रची हैं? इसी तरह कुछ लोग इसे अपने समुदाय की परम्परा बताते हैं तो कुछ धार्मिक अनुष्ठान की दरकार। बहुत-से लोग तो डॉक्टरी राय का सहारा लेकर यह भी कहते हैं कि खाने से पहले दो पैग लेने से दिल स्वस्थ रहता है।

शोध क्या कहती है?

ऐसे ही कई तर्क और दावों की सच्चाई जाँचने के लिए दुनिया के कई सयानों ने शोध पर शोध किए हैं। इसी दशक के आरम्भ में ब्रिटेन के शराब पीने वालों पर

1. बरसात का दिन, 2. चाँद की रात

एलेस्टेयर कैम्पबेल की बनाई एक डॉक्यूमेंट्री फिल्म में उपरोक्त सभी कारणों पर रौशनी डाली गई, मगर इस फिल्म के समीक्षक जोनाथन रौसन ने अपनी समीक्षा में इन कारणों को बोगस करार देते हुए कहा कि शराब के भीतर पाया जाने वाला ईथेनोल हमारे मस्तिष्क के भीतर विचारों के न्यूरॉन्स को अलग करने वाली दीवार के परमाणुओं को कमजोर बनाकर इनका तारतम्य मिटा देता है, जिसकी वजह से हमें लगता है कि हम भूत और भविष्य को भूलकर वर्तमान में आ गए हैं और तनावमुक्त होकर जीवन का आनन्द ले रहे हैं।

मझधार से पार लगाने वाली सात कश्तियाँ

बहानों और लफ्फाजियों से कोई चाहे खुद अपने दिल या दुनिया को कितना भी बहला ले, मगर यह सच है कि जो लोग बेखौफ होकर सुरापान करते हैं, मन के किसी कोने में उन्हें भी मौत का डर और आत्मग्लानि साल रही होती है। वे चाहते हैं कि इससे दूर हो जाएँ, मगर चाहकर भी कभी दिल तो कभी दुनिया के हाथों मजबूर होकर बार-बार मदहोशी के कुएँ में जा गिरते हैं। ऐसे लोगों के लिए सात उपाय या यूँ कहें कि सात तार्किक सम्बल हम यहाँ दे रहे हैं, जिनका सहारा लेकर वे उक्त गहराई से बाहर आ सकते हैं।

कड़वा मगर सच

ज्ञानियों द्वारा गिनाए गए शराब के फायदों को सर झुकाकर मान भी लिया जाए तो 'विश्व स्वास्थ्य संगठन' की ताजा हैल्थ स्टेटस रिपोर्ट का जवाब तो माँगना ही चाहिए, जिसमें तथ्यों के आधार पर कहा गया है कि विश्व भर में हुई असमय मौतों में से 5.9 प्रतिशत मौतें शराब से जुड़ी 200 तरह की बीमारियों और चोटों के कारण हुई हैं। इसके अलावा ऑक्सफोर्ड विश्वविद्यालय और 'यूनिवर्सिटी कॉलेज ऑफ लंदन' की हाल ही की शोध ने भी इन्हीं सब बातों की तस्दीक करते हुए कहा है कि दुर्घटना में होने वाली मौतों में से 44 प्रतिशत में शराब की भूमिका पाई गई है। इन शोधों में प्रमाण सहित कहा गया है कि शराब से मस्तिष्क की क्षति व याददाश्त कम होने के साथ-साथ हृदय, लीवर, गुर्दे व शरीर के अन्य अंगों का धीरे अथवा तेजी से नष्ट होना निश्चित

है। सम्भव है, इस पर भी ये लोग कहें कि मरना तो सभी को है तो क्यों न मजे लेकर मरा जाए? ऐसे बेफिक्र मन मौजियों को एक बार उन लोगों से अवश्य मिलवाना चाहिए जो मौत के बिस्तर पर पहुँचने के बाद एक जिन्दा पैर और एक जिन्दा हाथ उठाकर लकवे से टेढ़ा हुआ मुँह खोलकर गिड़गिड़ा रहे हैं, "मुझे एक बार बचा लो। मैं जीना चाहता हूँ, मरना नहीं चाहता।"

जीने की उमंग

बहुत-से लोग ऐसे हैं जो शराब मौज-मस्ती के लिए नहीं बल्कि किस्मत से बदला लेने के लिए पीते हैं। अति संवेदनशील होने के कारण ऐसे लोग जिन्दगी में मिली छोटी-सी हार से निराश होकर अथवा किसी जरा-सी बात से आहत होकर पलायन का रास्ता ढूँढ़ने लगते हैं। ऐसे लोगों को तात्कालिक कारणों से जिन्दगी असार मालूम देने लगती है। ये लोग चूँकि जीने की इच्छा छोड़ देते हैं। अत: ये शराब को आत्महत्या के लिए इस्तेमाल किए जाने वाले जहर के रूप में इस्तेमाल करने लगते हैं। ऐसे लोगों को शराब छुड़ाने की कोशिश से पहले इनमें जीवन के प्रति खोई हुई उमंग लौटाना ज्यादा जरूरी है। सकारात्मक काउंसिलिंग, अच्छी किताबों और आशावादी दोस्तों की सोहबत यदि ऐसे लोगों के तात्कालिक आवेश के कुछ दिन टालने में मदद कर दे तो इन्हें जिन्दगी की नई जंग के लिए तैयार किया जा सकता है। ऐसे लोगों को समय रहते यह अहसास कराया जाना जरूरी है कि हारी हुई बाजी तो कभी भी जीती जा सकती है, मगर हाथ से गई हुई सेहत को फिर से प्राप्त करना बेहद मुश्किल है।

ढर्रे से छुटकारा

जो लोग शराब को खराब तो मानते हैं, मगर अपनी कमजोरी के कारण इससे पीछा नहीं छुड़ा पाते, वे इस कार्य में अपनी पत्नी, माँ, पिता या किसी अच्छे दोस्त की मदद ले सकते हैं। यह व्यक्ति स्वयं चाहे तो भी अकेले यह प्रयोग करके देख सकता है। नशे का आदी हो चुके व्यक्ति को चाहिए कि वह कुछ समय के लिए अपने शहर से दूर जाकर न सिर्फ अपनी शाम के बल्कि

सुबह, दोपहर और रात के निर्धारित कार्यक्रम या ढर्रे के उलट काम करने का मजा ले। मसलन, रोज वह सुबह 8 बजे सोकर उठता है तो किसी दिन वह सुबह 6 बजे उठकर फुरसत से आकाश को निहारे। रोज दोपहर वह सोता है तो जागकर टी.वी. देखे और यदि रोज व्यस्त रहता है तो किसी दिन नींद निकाले। यह व्यक्ति यदि रात को 12 बजे सोता है तो कभी 9 बजे ही सोने का प्रयास करके देखे। इन प्रयोगों से व्यक्ति अवचेतन में बह रही जिन्दगी से निकलकर चेतना में जीने का लुत्फ जानेगा और उसका खुद अपनी जिन्दगी पर नियंत्रण स्थापित होगा।

अच्छा नशा अपनाएँ

नशे का आदी हो चुका इनसान यदि वास्तव में अपनी बुरी आदत से छुटकारा पाना चाहता है तो उसके लिए श्रेष्ठतम तरीका यह है कि वह बुरा नशा छोड़कर कोई अच्छा नशा अपना ले। मैं ऐसे बहुत-से लोगों को जानता हूँ जिन्हें किसी जमाने में बहुत अच्छा गिटार बजाना आता था अथवा वे बहुत अच्छी पेंटिंग बनाते थे। कुछ लोग बहुत अच्छी कविताएँ लिखते थे, मगर नशे की आदत ने उनके मनोमस्तिष्क पर ऐसा कब्जा किया कि वे अपनी इस प्रतिभा से खुद ही अनजान हो गए।

ऐसे व्यक्ति को उसके भूले हुए रचनात्मक शौक, मसलन गाना, बजाना, चित्रकारी, कॉइन कलेक्शन, आर्टिकल लेखन, किताब पढ़ने का शौक आदि याद दिलाना बेहतरीन उपाय हैं। इस कार्य में कोई पुराना मित्र इस व्यक्ति की भरपूर मदद कर सकता है। ऐसे मित्र को चाहिए कि शाम के समय वह अपने नशा पीड़ित मित्र के घर धावा बोल दे और उसे उसके भूले हुए शगल में इस कदर व्यस्त कर दे कि उसे ध्यान ही न रहे कि शाम कब बीत गई। इस प्रयोग से इस व्यक्ति को फिर एक बार अहसास होगा कि दुनिया में रचनात्मक नशा एक लम्बी और फायदेमन्द खुमारी देता है।

सुबह की आनन्द भरी खुमारी

किसी शाम कोई अच्छा दोस्त अपने किसी भटके हुए दोस्त को अच्छे वाले नशे में सराबोर करने में सफल हो जाए तो उसे चाहिए कि अगली सुबह वह

उसका हालचाल पूछने उसके घर अवश्य जाए। एक अच्छे तरीके से बिताई गई शाम के बाद आने वाली सुबह इस बात का अहसास अवश्य कराना चाहिए कि आज की सुबह उसके लिए रोज की अपेक्षा कितनी अलग, कितनी खिली-खिली और कितनी आनन्द भरी है। उसके मन में पिछली रात की आत्मग्लानि की जगह एक नया आत्मविश्वास है। आज उसकी तबियत भी रोज सुबह की अपेक्षा बेहतर है। आज उसके चेहरे पर एक अलग-सा नूर है। सुबह का यह अहसास इस व्यक्ति की स्मृति में रेकार्ड हो जाना चाहिए। इतना ही नहीं, अगली शाम इस व्यक्ति को आज की सुबह महसूस किए गए आनन्द की फिर से याद दिलानी चाहिए ताकि वह इस अनमोल आनन्द को फिर से खो देने की गलती न कर बैठे।

मिलने-जुलने के और भी हैं बहाने

जैसाकि ऊपर कहा गया है, सामाजिक मेलजोल, दुनियादारी या व्यावहारिकता हमारे कुछ साथियों का एक और तर्क है, जिसका सहारा लेकर वे मयफरोशी को जिन्दगी का एक जरूरी हिस्सा ठहराते हैं। यह सही है कि लोगों को आपस में मिलने-जुलने या एक-दूसरे के पास चलकर जाने का कोई बहाना चाहिए, मगर हमारे साथी यह भूल जाते हैं कि दोस्तों से मिलने-जुलने या कहीं हँसी-ठहाकों की चौपाल लगाने के और भी कई अच्छे बहाने हो सकते हैं। कभी दोस्तों की कोई चुटकुला गोष्ठी कर ली जाए, कभी गाने-बजाने की महफिल जमा ली जाए। कभी साहित्य या काव्य गोष्ठी आयोजित की जाए। कभी ऐसे ही दोस्तों की महफिल अपने-अपने परिवार सहित किसी के घर पर सजे तो उसका मजा ही कुछ अलग हो जाता है। ड्राइंग रूम में मित्रों की गप-शप, घर के भीतर महिलाओं के कहकहे और बाहर लॉन में बच्चों की धमा-चौकड़ी उन महफिलों से ज्यादा यादगार होती है, जिनका अन्त प्राय: किसी मारपीट, मनमुटाव, उल्टियों,सरदर्द अथवा दुर्घटना से होता है।

प्रगाढ़ता का सही रास्ता

हमारे कुछ मासूम दोस्त यह भी कहते हैं कि मय दिल को दिल से जोड़ने वाला मजबूत माध्यम है। यह सच है कि मय की महफिल में हर कोई एक-दूसरे

को किसी अफसर, नेता, बड़े आदमी अथवा छोटे आदमी के रूप में नहीं बल्कि सिर्फ अपने मदहोश भाई के रूप में देखता है। ऐसी स्थिति में बढ़ा हुआ भाईचारा लगभग उन दोस्तों जैसा प्रगाढ़ होता है जिन्होंने बचपन में एक-दूसरे को नंगा देखा होता है, मगर इस प्रगाढ़ता की उम्र अक्सर खुमारी की अवधि से ज्यादा नहीं होती। इसकी वजह यह होती है कि खुमारी की हालत में गले मिल रहा बाल सखा मोनू, सोनू, बबलू या बंटी भी उसी नकाब के पीछे छुप जाता है, जिसे हर किसी मदहोश भाई ने ओढ़ा हुआ होता है। उम्रदराज मुहब्बत तो वही हो सकती है जो अपने यार की वास्तविक सूरत पहचान कर की जा रही हो। ऐसी ही अन्तरंगता किसी व्यक्ति के साथ पारिवारिक रिश्ता कायम करके, उसे घर पर खाने के लिए आमंत्रित करके अथवा उसके किसी व्यक्तिगत दुःख-सुख में साथ देकर भी बढ़ाई जा सकती है।

कमाने के लिए जीना गलत है, मगर जीने के लिए कमाना गलत नहीं

भारतीय आध्यात्म में मन की शान्ति और आत्मा के आनन्द के लिए संयम, अपरिग्रह और त्याग पर सबसे ज्यादा जोर दिया गया है। ठीक भी यही है। इच्छा और कामनाएँ ही मानसिक अशान्ति की जड़ हैं। न हो बाँस तो न बजे बाँसुरी। मगर मानसिक सुख और सुकून के लिए दी गई इस उपयोगी सीख को हमने अति नकारात्मक स्वरूप में ले लिया। नतीजा यह हुआ कि फकीरी का ही महिमा मंडन होने लगा और हमारे परिवेश में अमीरी अपराध बन गई। पैसा कमाने में विफल रहा हर आदमी ईमानदारी का प्रतीक बन गया और उसकी निगाह में हर पैसे वाला चोर। फकीरी में कोई इनसान खुश रहे, यह उसकी महानता अवश्य हो सकती है, मगर खुश रहने के लिए फकीर ही हों, यह खामखयाली से ज्यादा नहीं। ऐसी धारणा दरअसल इनसान को कर्महीन बनाती है और समाज की अर्थव्यवस्था को जड़वत्।

इसमें कोई दो राय नहीं कि पैसा कमाने की इच्छा मनुष्य को कर्मशील बनाती है। हमारे शास्त्र हमें लालच से बचने और अति भौतिकवादिता से बचने का पाठ तो पढ़ाते हैं, मगर कर्महीन होने का नहीं। महर्षि वेदव्यास ने कहा है कि धन बढ़ाने की प्रेरणा उन्नति का बीज है। मनुष्य यदि कर्म और मेहनत करेगा तो धन न चाहते हुए भी उसके पास आएगा। ऐसे में यदि धन कमाना बुरा है तो कर्म करना भी बुरा ही कहा जाएगा। विलियम शैटनर नाम के विद्वान कहते हैं कि धन कमाना और बचाना यदि गलत है तो मैं सही कभी नहीं होना चाहता। जिस समाज में कर्म को पूज्य माना जाता है, वहाँ सम्पन्नता स्वत: आती है। सच कहा जाए तो धन ही व्यक्ति की कर्मठता का सामाजिक पैमाना है।

पैसे को सामाजिक व्यवस्था का रक्त कहा जा सकता है। विनोबा जैसे सन्त का कहना है कि समाज के आरोग्य के लिए धन का प्रवाह निरन्तर रहना चाहिए। धन कमाना बुरा नहीं है, मगर धन का प्रवाह रोकना बुरा है। वे कहते हैं कि जिस तरह फुटबॉल के खेल में कोई अपने पास बॉल को लेकर नहीं बैठता, ठीक उसी तरह धन भी अपने पास आते ही उसे समाज में प्रवाहित कर देना यानि निवेशित कर देना चाहिए।

पैसा कमाना और सम्पन्नता को बढ़ाना यदि अपराध होता तो आध्यात्म और वैराग्य का पाठ पढ़ाने वाले साधु-सन्त खुद आज करोड़ों की सम्पत्तियाँ और वैभव के पीछे नहीं भाग रहे होते। साधुत्व के उपदेश देकर मन में ऐश्वर्य की कामनाएँ पालने की बजाय अपने आपको व्यापारी घोषित करते हुए मन से वैरागी बने रहना कहीं ज्यादा अच्छा है। फ्रेंकलिन महोदय का कहना है कि जिसके पास धन है, वही सन्त है, वही कुलीन,वही गुणज्ञ है वही पंडित। वेदव्यास कहते हैं, "मनुष्य में चाहे सभी गुण हों, पर धन न हो तो धर्माचरण नहीं हो सकता।"

पैसा कमाएँ मगर इन सात शर्तों के साथ

धन और कमाई के उपरोक्त महिमा मंडन का यह अर्थ कतई नहीं कि पैसा ही हमारा धर्म है और पैसा ही भगवान। पैसा श्रेष्ठ जीवन यापन में सहायक अवश्य है, मगर इसके लिए अनिवार्य शर्त नहीं। जैसाकि ऊपर कहा गया है, कर्म करेंगे तो पैसा स्वयं आएगा, मगर पैसा लाने के लिए किसी भी तरह के कर्म जीवन को खुशहाल नहीं बना सकते। हमारा कमाया हुआ पैसा हमें खुशी भी दे, इसके लिए निम्नलिखित बातों को गाँठ बाँधना जरूरी है।

शॉर्टकट नहीं देते सुकून

जैसाकि ऊपर कहा गया है,पैसा कमाना बेशक कर्मशीलता का पर्याय है, मगर पैसा कमाना जीवन का एक मात्र ध्येय नहीं है। जब पैसा हमारा एक मात्र लक्ष्य हो जाता है तो पैसा कमाने के साधन गौण हो जाते हैं। कुछ भी करके कम समय में ज्यादा पैसा कमाने की धुन इनसान को शॉर्टकट ढूँढ़ने की प्रेरणा देती है और शॉर्टकट कभी साफ-सुथरे नहीं होते। चोरी, रिश्वत या

अमान्य साधनों से कमाया पैसा कमाने वाले को खुशी के बजाय भय तथा सन्तोष के बजाय कुंठा ही देता है। ऐसी कमाई जो हमें भय और कुंठा दे, समाज से ज्यादा खुद अपने आपके प्रति अपराध है।

हमारा परम लक्ष्य जीवन भर कुछ-न-कुछ करते रहना होना चाहिए। तय है कि हम जब कर्म करेंगे तो फलस्वरूप पैसा अवश्य आएगा। कठिन परिश्रम और लम्बी प्रतीक्षा के बाद प्राप्त हुआ धन हमें आकस्मिक रूप से लगी किसी लॉटरी की अपेक्षा लम्बी खुशी प्रदान करता है।

समाज को उसका हिस्सा अवश्य दें

मनुष्य जो भी कुछ कमाता है, उसमें समाज और व्यवस्था का बहुत बड़ा योगदान होता है। हमारा जान-माल और हमारी कमाई भी तब ही सुरक्षित रह सकती है जब समाज में व्यवस्था बनी रहे। ऐसे में न सिर्फ कानूनन बल्कि हमारा नैतिक दायित्व बनता है कि हम अपनी कमाई का कुछ अंश टैक्स के रूप में इस सामाजिक व्यवस्था को अवश्य समर्पित करें। टैक्स प्लानिंग के द्वारा टैक्स की बचत करना कोई बुरी बात नहीं, मगर हम यदि पूरी ही आमदनी छिपाकर टैक्स हजम कर जाना चाहते हैं तो यह खुशी का रास्ता नहीं है।

हमारे अध्यात्म में दान का बड़ा महत्त्व बताया गया है। शायद इस बात पर बहुत कम लोगों ने गौर किया होगा कि दान हमें पुण्य ही नहीं दिलाता बल्कि हमारे कमाए धन की सुरक्षा की गारंटी भी प्रदान करता है। घर के पास की झोंपड़ी में यदि कोई व्यक्ति भूखा सोया है अथवा उसका बच्चा इलाज और दवा के अभाव में बीमारी से तड़प रहा है तो हमारे ऐश्वर्य को लेकर झोंपड़ी में सुलग रहा आक्रोश हमारे राजमहल को जलाकर राख कर सकता है। इस दृष्टि से दान का व्यावहारिक महत्त्व है। यह हमें लोगों की ईर्ष्या और द्वेष से बचाता है और हम अपने धन के साथ सुकून की नींद सो सकते हैं।

अपने ही ट्रैक पर चलें

ईश्वर ने जिस तरह हर इनसान को अलग जीवन दिया है, ठीक उसी तरह ईश्वर ने उसके जीने की राह भी अलग बनाई है। मनुष्य अपने लिए तय की

गई राह पर चलकर कुछ कमा रहा है तो उचित है, मगर जब वह किसी अन्य का रास्ता काटकर अपनी मंजिल बनाना चाहता है तो यह अपराध है। मालिक अपना तय मुनाफा कमाकर सम्पन्न बनना चाहता है तो इसमें कोई हर्ज नहीं, मगर जब वह मजदूर का तय हिस्सा काटकर अपना हिस्सा बढ़ाना चाहता है तो ऐसा करके अपने तय हिस्से को भी खतरे में डालता है। ठीक इसी तरह मजदूर अपने मेहनताने से अधिक की कामना करता है तो अशान्ति को ही न्यौता देता है। व्यापारी अपने तय लाभांश में सन्तोष करें तो इसी व्यापार में उनकी पीढ़ियाँ कमाकर खा सकती हैं, मगर यदि वह उपभोक्ता के सही वस्तु लेने के हक पर डाका डालकर अपना मुनाफा बढ़ाना चाहता है तो ऐसा करके वह अपने व्यापार की नींव खोखली करने के सिवा कुछ नहीं करता।

निरन्तर और शान्तिपूर्वक धन अर्जन के लिए जरूरी है कि हम अपने लिए खुद अपने ही द्वारा निर्धारित की गई पगडंडी पर निरन्तर चलते रहें। हम यदि लालच में आकर किसी अन्य की राह काटने का प्रयास करेंगे तो हो सकता है या तो रास्ता भटक जाएँ अथवा जो कुछ पास में है, वह भी लुटा आएँ।

कमाई को खर्च करने का समय भी निकालें

मनुष्य का जीवन बहुआयामी है, जिसमें आर्थिक विकास के साथ-साथ आध्यात्मिक विकास, व्यक्तित्व का निर्माण, कला-संस्कृति की उन्नति व अन्य कई विविधतापूर्ण खूबियाँ हैं। मनुष्य को चाहिए कि वह रात और दिन सिर्फ पैसे की ही साधना करने की बजाय समान अनुपात में अपनी अन्य प्रवृत्तियों का भी विकास करे। यदि कोई व्यक्ति पैसा कमाने में इतना मशगूल रहता है कि उसे कमाए हुए पैसे का आनन्द लेने तक का समय नहीं मिलता तो ऐसा जीवन बेमानी है।

हम अपने आसपास कितने ही ऐसे लोगों को देख सकते हैं जो धन कमाने की धुन में न सुबह को प्रकृति की मुस्कुराहट को निहार पाते हैं और न ही शाम को जिन्दगी का संगीत महसूस कर पाते हैं। धन कमाने का लक्ष्य सुख प्राप्ति है, मगर धन प्राप्ति के बाद भी सुख नहीं भोग पाएँ तो ऐसे प्रयास निरर्थक हैं। ऐसे लोग मृत्यु के समय जीवन व्यर्थ गँवाने का अफसोस करते देखे जा सकते हैं।

तन से तेज न दौड़े मन

कोई भी उपलब्धि वहीं तक श्रेयस्कर है जब तक कि वह हमें खुशी प्रदान करे। एक श्रमिक जब दिन भर बदन तोड़कर छः सौ रुपए हाथ में लेकर घर लौटता है तो उसके चेहरे पर एक चमक व हृदय में सन्तोष होता है। उसे शाम के भोजन में स्वाद और रात की नींद में सुकून का अहसास होता हैं। इस श्रमिक को इस बात की भी जानकारी रहती है कि अगले दिन भी उसे उतने ही श्रम के बदले इतना ही पैसा मिलना है, ऐसे में न उसका मन फिजूल सपनों के पीछे भागता है और न उसे किसी तरह की हताशा का सामना करना पड़ता। पैसे की लालसा में दिन-रात दौड़ने वाला मन जब यथार्थ में लौटता है तो वहाँ कुछ न पाकर तनाव से भर जाता है। पैसे की यह लालसा यदि हमारी मानसिक शान्ति और हमारे स्वास्थ्य पर असर डालने लगे तो इस पर तत्काल नियंत्रण जरूरी है।

चिकित्सा विज्ञान का मानना है कि शरीर पर मन का नियंत्रण होना चाहिए। इसका अर्थ यह है कि शरीर मन के आदेश के अनुसार चले, किन्तु यदि किसी का मन स्वयं ही नियंत्रित न हो तथा शरीर को छोड़कर उससे तेज भागता हो तो निश्चित रूप से उसका शरीर अनियंत्रित होकर शिथिल पड़ जाएगा। ऐसे शरीर को कई तरह की बीमारियाँ आसानी से अपने कब्जे में ले लेती हैं।

पैसा जब समाज को नीचा दिखाए

पैसा यदि खुद अपने, समाज के या राष्ट्र के विकास के लिए बढ़े तो अच्छी बात है, मगर यही पैसा यदि दिखावे की होड़ या लोगों में हीनता का भाव पैदा करे तो ऐसी कमाई उन लोगों के प्रति अपराध है जिन्हें यह कुंठित कर रहा है। पुरानी कहावत है कि सम्पन्नता और भोजन, दोनों पर्दे में हों तो लाभकारी हैं। अपने वैभव का अनावश्यक प्रदर्शन लोगों में आपके प्रति ईर्ष्या, द्वेष और जलन का कारण भी बनता है तथा ईर्ष्या की आग सामने वाले को अन्धा बनाकर आपका अहित करने के लिए भी उकसा सकती है।

अधिकतम की सीमा तय करें

महत्त्वाकांक्षी लोग अक्सर अपने जीवन के लक्ष्य तय करते न्यूनतम उपलब्धियों के लक्ष्य तय किया करते हैं। मसलन, मुझे नौकरी करनी है तो कम-से-कम आई.ए.एस. अफसर तो बनना ही है या फिर पढ़ाई करनी है तो कम-से-कम इंजीनियरिंग तो पास करनी ही है। धन कमाना है तो कम-से-कम पाँच करोड़ रुपया तो इकट्ठा करना ही है। ऐसे लोग अपने जीवन का ग्राफ तय करते समय अधिकतम की सीमा तय करना अकसर भूल जाते हैं और यही बात उनके सारे दुखों का कारण बन जाया करती है। पाँच करोड़ का न्यूनतम लक्ष्य तय करने वाला व्यक्ति पाँच करोड़ कमा लेने के बाद भी उपलब्धि का सुख इसलिए महसूस नहीं कर पाता क्योंकि पाँच पूरे होते ही दस करोड़ का लक्ष्य उसका सुकून छीन लेता है। ऐसे लोग यदि जीवन में अधिकतम की सीमा बाँधना शुरू कर दें तो शायद सुख उन्हें भी नसीब हो जाए। अधिकतम की सीमा बाँधने का यह अर्थ नहीं कि लक्ष्य प्राप्ति के बाद व्यक्ति काम करना बन्द कर दे। इसके बाद भी वह कर्म अवश्य करे, मगर इसके बाद यदि उसे कुछ फल प्राप्त होता है तो इसे वह अतिरिक्त पुरस्कार के रूप में ग्रहण करके प्रसन्नता महसूस करे।

धर्म कानून नहीं, जीवन की सहज शैली है

पिछले कुछ सालों के दरमियान देश में धर्म अन्य सभी विषयों की तुलना में सर्वाधिक चर्चित हो गया है। कहने को कहा जा सकता है कि अब हमारा देश पूरी तरह से धर्ममय हो गया है। महान दार्शनिक सैनेका की मानें तो यही एक आदर्श स्थिति है क्योंकि अधर्म पर स्थापित राज्य ज्यादा समय टिक नहीं सकता, मगर असलियत पर नजर डालें तो लगेगा कि या तो सैनेका साहब की बात में कोई झोल है या फिर हम जिसे धर्म कह रहे हैं, वह दरअसल धर्म नहीं कुछ और है। गेटे कहते है कि सच्चा धर्म हमें अपने आश्रितों का सम्मान करना सिखाता है और साथ ही मानवता, दरिद्रता, विपत्ति, पीड़ा और मृत्यु को ईश्वरीय देन मानता है। हमारे अपने ही ऋषि वेदव्यास भी इससे मिलती-जुलती बात कहते हैं कि जिस मनुष्य में दस चिन्हों—धैर्य, क्षमा, अस्तेय, शौच, इन्द्रिय निग्रह, धी, विद्या, सत्य, अक्रोध व इच्छा दमन का गुण है, वही धर्म पुरुष है। धर्म के इन चिन्हों के आधार पर हम यदि धर्म और धर्मानुयायियों को ढूँढ़ने की कोशिश करेंगे हमें यह जानकर अफसोस होगा कि 'धर्म' नाम की चिड़िया अब लुप्त होती प्रजाति बन चली है।

मध्यकाल के दौरान यूरोप में धर्म राजनीति के कन्धों पर सवार हुआ करता था, आज राजनीति धर्म के कन्धों पर सवार होकर इसकी आँखों को अपनी हथेली से ढाँपने का प्रयास कर रही है। एक तरफ मन्दिर-मस्जिद और धर्म स्थलों की बाढ़ सी आ गई है, मगर दूसरी तरफ, जिसे धर्म कहते हैं, वह चिराग की रौशनी में भी दिखाई नहीं देता। धर्म के चोगे में साधू और फकीरों की भीड़ लगी है। सड़कों पर धार्मिक जुलूस, शोभायात्रा और हजयात्राओं का शोर है, मगर धर्म जिस सुकून और तसल्ली का जरिया माना जाता है, वह हर एक चेहरे से गायब है। धर्म का शोर बरपा है, मगर सत्य खामोश है और जो झूठ है वो मुखर।

धर्म बनाम पाखंड

यह सारी स्थित शायद इसलिए बनी है क्योंकि हम धर्म और पाखंड के बीच का भेद भूल गए हैं। एक तरफ पंडित और मौलवी तो दूसरी तरफ राजनेता धर्म की सिगड़ी पर मतलब की रोटियाँ सेंकने की गरज से पाखंड को ही असली धर्म बताकर इसका प्रचार कर रहे हैं। सन्त और फकीर जिन पर धर्म की सही व्याख्या करने का दायित्व है, वे संन्यासी की पोशाक पहनकर दुष्कर्म, लूट और धन संग्रह में मशगूल हैं। ऐसे में असली धर्म तक सिर्फ वे ही लोग पहुँच सकते हैं जो खुद अपने विवेक से धर्म और पाखंड के बीच भेद करना जान सकें।

विवेक की कसौटी पर यदि धर्म को परखा जाए तो धर्म पूरे समाज के लिए बने ऐसे सूत्रों का संग्रह दिखाई देता है, जिनका पालन करके कोई भी व्यक्ति सफलता, शान्ति, सम्पन्नता, सम्मान और खुशी प्राप्त कर सकता है। धर्म ट्रैफिक के लिए बने उन नियमों की तरह है जो मनुष्य के खुद के हित के लिए हैं तथा इनकी अवहेलना खुद हमारी जान पर आफत लेकर आ सकती है। जिस तरह पानी का धर्म बहना, आग का धर्म जलना और फूल का धर्म खिलना है, उसी तरह मनुष्य का धर्म खुश रहना है। यहाँ यह समझना जरूरी है कि खुशी और तात्कालिक अनुभूति में अन्तर है। कई बार कई बातें हमें तात्कालिक रूप से अच्छी लगती हैं, मगर जरूरी नहीं कि अच्छी लगने वाली बात हमें हर समय अच्छी लगे और समाज के सारे लोगों को अच्छी लगे। जिस ख़ुशी में स्थायित्व व सार्वभौमिकता न हो, वह धर्मानुकूल नहीं हो सकती।

सात बातें जो धर्म को पाखंड से अलग साबित करती हैं

धर्म पूरी मानवता की सम्वेत खुशियों का मार्ग प्रशस्त करता है। यह सिर्फ पाखंड ही हो सकता है जो धर्म के नाम पर लोगों को मोहरा बनाकर सीमित लोगों के स्वार्थ और अहंकार की तुष्टि करता है। धर्म व पाखंड के बीच की दूरी नापने के लिए आगे बताए गए पैमानो को काम में लिया जा सकता है।

तर्क बनाम अन्धविश्वास

धर्म और पाखंड के बीच सबसे बड़ा अन्तर यह है कि धर्म, तर्क और विवेक पर आधारित है जबकि पाखंड अन्धविश्वास और अज्ञान पर। लोग कहते हैं कि धर्म, तर्क नहीं आस्था का मामला है, मगर हमारा कहना है कि विज्ञान के इस युग में विवेक के इस्तेमाल और तर्क के बगैर लोगों के मन में आस्था भी पैदा नहीं हो सकती। वास्तविक धर्म वही है, जिसे आम आदमी विवेक और तर्क के माध्यम से समझ सके। यूँ तो ईश्वरीय अस्तित्व के हजारों प्रमाण हैं, मगर विवेकशील व्यक्ति को ईश्वर को मानने के लिए इतना ही तर्क पर्याप्त है कि मनुष्य और वैज्ञानिक, ब्रह्मांड और पृथ्वी की जिन स्वचालित और नियोजित व्यवस्थाओं का अध्ययन कर शास्त्र रचते हैं, इन व्यवस्थाओं को रचने वाले ने इन्हें इन वैज्ञानिकों के पैदा होने से करोड़ों वर्ष पूर्व बगैर कोई शास्त्र पढ़े रचा है। खगोलीय पिंडों की निर्धारित गति, नियंत्रित प्रकाश व ऊष्मा, जीवन के लिए जरूरी हवा और ऑक्सीजन, पानी और खाद्य उत्पादों के घटक—इन्हें जानकर इनसान हैरत तो कर सकता है, मगर इन्हें इनके मौलिक रूप में पैदा नहीं कर सकता।

व्यापकता बनाम संकीर्णता

धर्म और पाखंड के बीच एक बड़ा अन्तर यह है कि धर्म व्यक्ति के साथ-साथ समस्त मानवता के कल्याण की बात करता है जबकि पाखंड सिर्फ स्वयं के, किसी एक सम्प्रदाय के, किसी एक फिरके अथवा वर्ग के भौतिक फायदे की बात करता है। वास्तविक धर्म प्रेम का मार्ग दिखाता है तथा यही प्रेम मनुष्य को मनुष्य से जोड़ने का सेतु है। यह प्रेम किसी से हिन्दु, मुसलमान, ईसाई या बौद्ध होने की शर्त नहीं रखता। प्रेम हर उस प्राणी के साथ हो सकता है जिसे उस एक सर्वशक्तिमान विधाता ने रचा है। बस, उस विधाता को लोग पुकारते अलग-अलग नाम से हैं। दूसरी तरफ पाखंड, धर्म के नाम पर अपने अहंकार की दुकान चलाने वाले ऐसे लोगों की उपज है जो अपनी ही तरह के अन्य अहंकारी लोगों की स्पर्धा में अपना अलग प्रभाव क्षेत्र स्थापित करना चाहते हैं। ये लोग निरीह इनसानों को अपनी लड़ाई का औजार बनाते हैं और इसीलिए उन्हें जान-बूझकर संकीर्ण दायरों में बाँटने की साजिशें रचते रहते हैं। देश की

मौजूदा राजनीति भी धर्म के नाम पर पाखंड को अपने स्वार्थों की जंग का औजार बना रही है।

शान्ति बनाम शोर

धर्म और पाखंड के बीच दूसरा बड़ा अन्तर यह है कि धर्म मौन व शान्ति में विश्वास करता है जबकि पाखंड, शोर व दिखावे में। धर्म की उत्पत्ति मनुष्य के अपने सुख, शान्ति, खुशी और सफलता के लिए हुई है। ईश्वर का अहसास मौन व अन्तर्मुखी होकर ही किया जा सकता है। शोर-गुल के द्वारा सिर्फ दिखावा और आडम्बर रचाया जा सकता है। कबीर ने कहा है—

कंकर-पत्थर जोड़के मस्जिद लई चुनाय,
ता चढ़ मुल्ला बांग दे, क्या बहरा हुआ खुदाय।

कभी भी कहीं भी

धर्म पालन के लिए स्थान व समय निश्चित नहीं होता जबकि पाखंड के लिए ऐसा स्थान व समय आवश्यक है जहाँ और जब अधिक-से-अधिक लोग आपको टंट-घंट करते हुए देख सकें। पाखंड के चोले में धर्म सिर्फ उपासना स्थल के परिसर और 24 में से घंटे-आधे घंटे की चीज बनकर रह गया है। हम चाहे दिन में दो बार पूजा या पाँच बार नमाज अदा करें या न करें, यदि दिन भर में एक बार किसी एक बीमार को अस्पताल पहुँचाकर उसकी दवा का इन्तजाम भी कर दिया तो वह कई यज्ञ और हवनों के पुण्य से अधिक होगा। हम लाख हज और तीर्थयात्राएँ कर लौट आएँ, मगर अपने माता-पिता के हृदय को ठेस पहुँचाते हैं तो गौहत्या से भी बड़ा पाप करते हैं।

छोड़ना बनाम पाना

वास्तविक धर्म सब कुछ छोड़ने की बात कहता है जबकि पाखंड का लक्ष्य अधिक-से-अधिक बटोरना है, फिर चाहे यह धन हो, यश हो या राजनीतिक सत्ता। धर्म का परम लक्ष्य मानसिक शान्ति है। सभी जानते हैं कि इच्छाएँ और

लिप्सा शान्ति के सबसे बड़े दुश्मन हैं। इसीलिए हर धर्म भौतिकवादिता का मोह छोड़ने की सलाह देता है। ध्यान की क्रिया में भी मन से इच्छाओं के उन्मूलन का प्रयास किया जाता है अर्थात् सर्वस्व से शून्य की ओर अन्तर्यात्रा, मगर दूसरी तरफ धर्म का चोला पहने पाखंडी मनुष्य की लिप्साओं को जगाकर इन्हें पाने की दौड़ में प्रवृत्त करते हैं।

बिचौलिये बाहर

धर्म में भक्त और भगवान के बीच किसी बिचौलिये के लिए स्थान नहीं होता। धर्म आस्था पर आधारित होता है, जिसमें आस्तिक सीधे अपने आराध्य की साधना करता है और खुद अपने विवेक से उस तक पहुँचने का मार्ग खोजता है जबकि पाखंड में अवांछित बिचौलिये धर्म के सहज स्वरूप को जटिल बनाकर आराधक को स्वयं पर आश्रित बनाने का प्रयास करते हैं और उसे अनावश्यक कर्म-कांडों में उलझाकर वास्तविक धर्म के मार्ग से दूर ले जाते हैं।

लोक बनाम परलोक

वास्तविक धर्म मनुष्य को उसके इसी जन्म में श्रेष्ठ बनाकर उसे शान्ति, सुख, सफलता और प्रसन्नता का प्रसाद प्रदान करता है जबकि पाखंड अविवेकशील लोगों को परलोक या अगले जन्म का भ्रम या भय दिखाकर उसे धर्मानुकूल आचरण के लिए प्रेरित करने के बजाय तंत्र-मंत्र, टोने-टोटके कर्म-कांडों के जाल में उलझा देता है।

जब कोई जानलेवा बीमारी जान की आफत बन आए

साइरस नाम के विचारक ने कहा है कि अच्छा स्वास्थ्य और अच्छी समझ जीवन के दो सर्वोत्तम वरदान हैं। जीवन की प्राथमिकताओं में स्वास्थ्य का जो स्थान है इसी को समझाते हुए एक और महाशय ने कहा है कि यदि किसी का धन खो जाए तो समझो कुछ नहीं खोया, यदि स्वास्थ्य खो जाए तो समझो कुछ खोया अवश्य है, किन्तु यदि चरित्र खो जाए तो समझो, सब कुछ खो गया, पर ज्यादातर लोगों ने स्वास्थ्य को पहली प्राथमिकता पर रखते हुए 'पहला सुख निरोगी काया' ही बताया है। इतनी सब बातों को जानने के बावजूद इनसान स्वास्थ्य की कीमत इसके खो जाने के बाद ही समझ पाता है। स्वास्थ्य रूपी घर को स्थिर रखने के लिए उसके तीन पाए—आहार, स्वप्न एवं ब्रह्मचर्य को ठीक रखना जरूरी है (त्रय उपस्म्भा आहार: स्वप्नो ब्रह्मचर्यमिति), मगर इन तीनों ही मामलों में हम तब तक लापरवाही बरतते हैं जब तक कि कोई असाध्य रोग चुपके-से आकर हमारी खुशियों के खजाने पर कुंडली नहीं मार लेता।

जैसे ही हमें डॉक्टरों की जुबानी यह सूचना मिलती है कि किसी लाइलाज बीमारी ने हमारे शरीर में घर बना लिया है, हम मृत्यु से पहले अपने आपको मृत मान लेते हैं। हमारी रातों की नींद और दिन का चैन हमसे विदा ले लेता है। चौबीसों घंटे हमें सिर्फ रोग का अहसास घेरकर बैठ जाता है। डॉक्टरों का इस सम्बन्ध में मानना है कि ज्यादातर रोगियों की मृत्यु असाध्य रोग से नहीं बल्कि इसके सदमे से होती है। असाध्य रोग से पीड़ित बहुत-से रोगी हताशा से घिरकर रोग से लड़ना छोड़ देते हैं और मौत से पहले इसका ग्रास बन

जाते हैं। असाध्य रोग के शिकार कई रोगी आत्महत्या जैसा कदम उठाते भी देखे गए हैं। बहुत कम ऐसे लोग देखे गए हैं जो असाध्य रोग की चपेट में आ जाने के बाद भी योजनाबद्ध जीवनशैली, साहस, संघर्ष और ठंडे दिमाग की बदौलत न सिर्फ असाध्य रोग को पटखनी देकर जीवन की जंग जीत गए बल्कि लाखों-करोड़ों लोगों के लिए रौशनी की एक अमिट रौशनी दुनिया में छोड़ गए।

जानलेवा बीमारी को जान लेने के सात दाँव

हर इनसान का पहला प्रयास तो यही होना चाहिए कि संयमित आहार, विहार और परिश्रम की बदौलत वह अपने आप को स्वस्थ रखे और किसी असाध्य रोग को पास फटकने ही न दे। इसके बावजूद दुर्भाग्यवश यदि कोई व्यक्ति किसी असाध्य रोग से ग्रस्त हो भी जाए तो उसे चाहिए कि वह इसे जीवन का अन्त न समझ ले। असाध्य रोग से घिरा व्यक्ति भी थोड़ा-सा धैर्य से काम लेकर इस हमले के विरुद्ध मोर्चाबन्दी करके न सिर्फ अपने जीवन में रोमांच पैदा कर सकता है बल्कि कोई चमत्कार करके भी दिखा सकता है।

खुद को अपवाद मान लें

असाध्य रोग अथवा जानलेवा बीमारी की जानकारी मिलने के साथ ही नैसर्गिक रूप से प्रभावित इनसान को जो पहला भाव घेरता है, वह है—हताशा। रोग चूँकि एक कड़वी सच्चाई है, अत: इसे महज काल्पनिक आशावाद से भुलाया नहीं जा सकता। जो यथार्थ है, सबसे पहले इसे मानना होगा। असाध्य रोग की क्रूरतम परिणति है—मृत्यु। हमें सबसे पहले इस बात को स्वीकार करना होगा कि असाध्य रोग के रूप में जिन्दगी के दरवाजे पर मौत ने दस्तक दे दी है, मगर बुरी खबर में भी अच्छी बात यह है कि मृत्यु अभी दरवाजे के भीतर आई नहीं है। इस घोर निराशाजनक स्थिति में भी जैसे ही हम किसी बात को अच्छी बात के रूप में देखते हैं, पचास अच्छी बातें रौशनी की किरणें बनकर हमारे भीतर उम्मीद का दीया जला डालती हैं। हमारी मानसिकता यह रहनी चाहिए कि रोग की जानकारी, मृत्यु की सूचना नहीं सिर्फ एक चेतावनी भर

है। इस चेतावनी पर ध्यान देकर हम उस रोगरूपी शत्रु के विरुद्ध एक जंग की तैयारी भी तो कर सकते हैं। जानकारी कहती है कि लाइलाज बीमारियों में सौ में से अस्सी लोग मृत्यु को प्राप्त होते हैं, मगर हमें इसी उपलब्ध नकारात्मक जानकारी में ही एक सकारात्मक जानकारी को भी सिर्फ यूँ समझने की जरूरत है कि लाइलाज बीमारियों के बावजूद सौ में से बीस लोग बीमारी के खिलाफ जंग जीत कर जिन्दा रहने में सफल होते हैं। हम पहली बार में ही यह क्यूँ नहीं मान लेते हैं कि हम उन 80 लोगों में नहीं बल्कि जंग जीतने वाले 20 लोगों में से हैं। हमारी जंग का मकसद उन 20 लोगों में शामिल होना ही है जिन्होंने असाध्य रोगों को भी मात दी हैं।

इलाज में कतई कोताही न हो

जैसाकि ऊपर कहा गया है, बीमारी हो या कोई अन्य मुसीबत, बिल्ली को देखकर आँखें बन्द कर लेने वाले कबूतर की तरह आप इनसे छुटकारा नहीं पा सकते। रोग को एक कड़वा यथार्थ स्वीकार करने के बाद ही इसका उपचार सम्भव है और किसी भी रोग का पहला उपचार दवा ही है। असाध्य रोग की जानकारी मिल जाने के बाद इससे प्रभावित व्यक्ति को सबसे पहले श्रेष्ठतम उपलब्ध डॉक्टर का चुनाव करना चाहिए और इसके बाद उसमें पूरी आस्था रखते हुए उसकी दवा और उसके निर्देशों को दिनचर्या का अंग बना लेना चाहिए। हमें चाहिए कि हर किसी को न अपना रोग बताएँ न ही उसकी सलाह लें। हाँ, दवा के साथ खुराक और परहेज की जानकारी लेना बेहद जरूरी है। यदि किसी दवा के दुष्प्रभाव हैं तो इनके उपचार भी विशेषज्ञ से मालूम कर लें। याद रखें कैंसर जैसे जानलेवा रोग के अधिकांश रोगी रोग से पहले दवाओं के दुष्प्रभावों को जान लेते हैं, मगर दवाओं का प्रयोग भी उपचार के लिए जरूरी है। हमें इस बात पर पूरा विश्वास करना चाहिए कि सालों के अनुसंधान के बाद चिकित्सा विज्ञानियों ने जो दवा खोजी है, उसमें असर तो जरूर होगा।

बीमारी की घेरेबन्दी

जानलेवा बीमारी के विरुद्ध जंग का तीसरा मोर्चा है—बीमारी की घेरेबन्दी। इसका अर्थ यह है कि शरीर के जिस भाग पर बीमारी ने हमला किया है,

उसे वहीं घेरकर आगे बढ़ने से रोक देना। मसलन, शरीर के किसी भाग में लकवा,कैंसर अथवा टी.बी. जैसा रोग हो गया हो तो ऐसी स्थिति में हमारी जंग की पहली रणनीति होनी चाहिए उस बीमारी को उस अंग विशेष में ही घेर कर,उसे शरीर के अन्य भागों में फैलने से रोक देना। शरीर के किसी भी भाग पर बीमारी का हमला तब ही होता है जब उस भाग की सेल्स अथवा कोशिकाएँ क्षीण हो जातर हैं। हमें चाहिए कि जब तक बीमार अंग पर दवा अपना काम करे हम शरीर के अन्य स्वस्थ अंगों की कोशिकाओं को इतना मजबूत बना लें कि जब बीमारी के जीवाणु इन अंगों की ओर बढ़ें तो हमारी स्वस्थ सेल्स न केवल इन्हें रास्ते में ही परास्त कर नष्ट कर दें बल्कि बीमार अंग तक पहुँचकर इन जीवाणुओं को चुनौती देते हुए डॉक्टरों द्वारा दी जा रही दवा की सहायता भी करें! इस कार्य के लिए स्वच्छ हवा में प्रात: कालीन सैर, योगासन व प्राणायाम श्रेष्ठतम हैं। इस तरह के व्यायाम से अधिक-से-अधिक ऑक्सीजन बीमार अंगों तक पहुँचकर उन्हें रोग मुक्त करने में कारगर साबित होती है।

अँधेरे के भीतर है उजाला

जानलेवा बीमारी से निपटने का चौथा दाँव है—अपनी सोच और जीवन दर्शन में बदलाव लाना। जैसाकि ऊपर कहा गया है, मनुष्य के भीतर तब तक कोई आशा जन्म नहीं लेती जब तक वह पूरी तरह से निराश नहीं हो जाता। एकबारगी यह मान लेने के बाद कि मेरा सब कुछ जा चुका है तथा अब मेरे पास खोने के लिए कुछ नहीं बचा है, मनुष्य के भीतर यह विचार जन्म लेता है कि खोने के लिए बेशक नहीं मगर पाने के लिए अब मेरे पास सभी कुछ शेष है जिसमें खोया हुआ स्वास्थ्य भी एक है। यह सोच हताश मनुष्य के मन में एक नई ऊर्जा का संचार करती है। इस ऊर्जा को अपने प्रयासों से मूर्त रूप देकर कैसी भी खतरनाक बीमारी को पटखनी दी जा सकती है।

रफ्तार थोड़ी-सी बढ़ा लें

बीमारी को एक यथार्थ के रूप में स्वीकार कर लेने के बाद हमें इतना तो स्वीकार करना ही चाहिए कि अपनी जिजीविषा के बम से इस बीमारी को हम

भले नेस्तनाबूद कर दें, मगर यह बीमारी आई है तो हमारी उम्र के खजाने में से कुछ साल तो कम करके ही जाएगी। हमें यह मान कर चलना पड़ेगा कि सामान्य क्रम में यदि हम 80 साल की उम्र तक जीते तो अब कम-से-कम उम्र के 8-10 सालों की बलि तो देनी ही पड़ेगी। इस बात का दु:ख मनाने के बजाय हमें सोचना यह चाहिए कि आम आदमी को अपने लक्ष्य तक पहुँचने के सफर में जो 8-10 साल गपोड़ेबाजी, आलस्य या निरुद्देश्य भटकने के लिए मुहैया होते हैं। सिर्फ वे साल हमसे छिने हैं, मगर अब हमारे पास जो वक्त बचा है, इसके स्मार्ट नियोजन से उतनी दूर तक पहुँचा जा सकता है जितनी दूर तक आम आदमी ईश्वर से मिली हुई पूरी उम्र जी कर पहुँचता। बजाय बीमारी के मातम में समय गँवाने के, हमें अपने लक्ष्य की ओर कदम तेज कर देने चाहिए। यह तय है कि मृत्यु तो स्वस्थ व्यक्ति को भी आनी ही है, मगर मृत्यु के समय तक हम अपनी उपलब्धियों का खाता उसके बराबर अवश्य ला सकते हैं। समय के सही नियोजन से अपने आपको व्यस्त रखकर जहाँ एक ओर हम अपने आपको हताशा से दूर रख सकते हैं, वहीं दूसरी ओर छोटी-छोटी उपलब्धियों से प्राप्त आत्मविश्वास को हम अपनी बीमारी से लड़ने में भी इस्तेमाल कर सकते हैं।

नियंत्रण में लें भावनाओं की लगाम

चिकित्सा विज्ञानी इस बात की पुष्टि करते हैं कि शरीर का रसायनशास्त्र हमारे भीतर होने वाले हारमोंस के स्राव से संचालित होता है तथा हारमोंस का स्राव हमारी भावनाओं से। यदि हमारे जेहन में सकारात्मक विचार तैरते हैं तो स्वास्थ्यवर्द्धक हारमोंस हमारे भीतर प्रवाहित होंगे तथा अवसादपूर्ण, नकारात्मक और हताशापूर्ण विचार हमें घेरे रहते हैं तो शरीर को और रुग्ण बनाने वाले हारमोंस हमारे शरीर को तेजी से क्षीण बनाते हैं। हमें चाहिए कि हम ज्यादा-से-ज्यादा समय आशावादी, हँसोड़ और उल्लास से जीने वाले लोगों के साथ रहें। जीवन में उम्मीद भरने वाली पुस्तकें पढ़ें। हर समय खुश रहने को अपनी आदत बना लें। हममें से बहुत-से लोगों ने राजेश खन्ना अभिनीत फिल्म 'आनन्द' देखी होगी। भले ही आनन्द को लम्बी उम्र नहीं मिल पाई, मगर वह अपने असाध्य रोग की जानकारी मिलने के बाद जितने दिन भी

जिया, खुशियाँ बाँटने और खुशियाँ मनाने के लिए जिया। यह नजरिया न सिर्फ हमारे भीतर स्वास्थ्यप्रद हारमोंस का स्राव करेगा बल्कि हमें आत्मसन्तोष, प्यार और आत्मविश्वास भी दिलाएगा।

चमत्कार पर भरोसा

जानलेवा बीमारी के विरुद्ध सबसे महत्त्वपूर्ण और कारगर उपाय है—चमत्कार में अटूट विश्वास। जैसाकि आरम्भ में ही कहा गया है, सौ में से बीस लोग ऐसे भी रहे हैं जिन्होंने जिन्दगी की जंग में मौत को मात दी है। यह चमत्कार कर दिखाने में यद्यपि उनकी खुद की मेहनत कम नहीं रही, मगर ऐसा होने में किसी अतिमानवीय शक्ति का अदृश्य हाथ अधिक रहा है। यह अदृश्य शक्ति ईश्वरीय चमत्कार था अथवा कोई विज्ञान, इसे तर्क से साबित करना कठिन है, मगर इस पर विश्वास करना बेहद जरूरी। भारतीय आदि संस्कृति ऐसे चमत्कारी किस्सों से भरी है, जिनमें कल्पना से परे घटनाएँ घटित हो गईं। योग विज्ञान में कुंडलिनी जागरण अथवा चक्रों की सिद्धि से हवा में उड़ने जैसी सिद्धियाँ मिलने तक का जिक्र है। सिद्धि पाने के लिए न सही, अपने असाध्य रोग पर विजय पाने के लिए ऐसे सिद्ध उपायों का प्रयोग निश्चय ही किसी चमत्कार की जमीन तैयार कर सकता है।

जब करना पड़ जाए कभी हार से सामना

जिन्दगी की जंग में यदि किसी को हारने का डर नहीं होता तो शायद कोई भी इनसान निरन्तर कर्मशील रहने की आदत ही न डालता और यदि वह कर्मशील न रहता तो उसे जिन्दगी में कोई उपलब्धि भी हासिल न होती। यदि किसी को हारने या कुछ खोने का डर नहीं होता तो वह निश्चित रूप से कुछ पाने के लिए कोई प्रयास ही नहीं करता। हर इनसान बेफ़िक्र होकर वक्त की नाव पर आँख मूँदकर लेटा रहता। इतनी उपलब्धियाँ उसकी झोली में खुद-ब-खुद इकट्ठी हो जातीं कि वह इन्हें देख देखकर खुद ही ऊब जाता। कुछ पाने की उमंग न होती तो कुछ करने का उत्साह भला कैसे रहता? अन्दाजा लगाया जा सकता है कि जिन्दगी में अगर हर रोज कुछ नया होने की, नया करने की या नया पाने की उम्मीद न होती तो जिन्दगी कितनी वीरान होती? शायद जिन्दगी की उकताहट मिटाने की गरज से ही प्रकृति नें दिन के साथ रात व अच्छाई के साथ बुराई की ही तरह जीत के साथ हार का उपहार देकर इनसान की जिन्दगी को उमंग, उत्साह,रोमांच और उम्मीद से सँवारा है।

हार का डर हर इनसान को कर्मशील तो बनाता है, मगर हार किसी भी इनसान को आनन्द नहीं देती। हर इनसान जिन्दगी की हर जंग को जीतना चाहता है, मगर जैसाकि ऊपर कहा गया है, जीत अगर जंग का अवश्यम्भावी परिणाम ही होता तो जंग लड़ता कौन? हर इनसान को जंग लड़नी ही पड़ती है तथा कभी-न-कभी किसी न किसी जंग में हार का सामना करना ही पड़ता है। किसी भी प्रयास में मिली असफलता को कुछ लोग जहाँ एक तरफ अपनी अन्तिम पराजय मान कर जंग से पलायन कर जाते हैं तो दूसरी तरफ कुछ अन्य लोग इस क्षण को जिन्दगी के सफर का सिर्फ एक पड़ाव भर

मान कर चलना जारी रखते हैं और इसीलिए मंजिल एक-न-एक दिन उनके कदमों में होती है।

आशावादियों की नजर में हार जैसी कोई बात होती ही नहीं। उनका मानना है कि जब तक जीत न मिल जाए तब तक सिर्फ जंग होती है, हार तो कभी होती ही नहीं। अमेरिका के सफलतम राष्ट्रपति अब्राहम लिंकन की कहानी इस कथन का जीता-जागता प्रमाण है। डालिए लिंकन की कहानी पर एक नजर। 1816 में परिवार से निकाले गए। दो ही वर्ष बाद माँ की मृत्यु। 1831 में व्यापार में विफलता। 1832 में वे स्टेट लेजिस्लेचर का चुनाव हारे। इसी साल नौकरी खो दी। 1833 में व्यापार में दिवाला निकल गया। 1835 में मंगेतर की मृत्यु। 1838 में स्टेट लेजिस्लेचर के अध्यक्ष का चुनाव हारे। 1840 में इलेक्टर पद हारे। 1843 में कांग्रेस का चुनाव भी हारे। 1846 में कांग्रेस का चुनाव जीते मगर 48 में दोबारा चुनाव लड़ा तो हार गए। 1849 में लैंड ऑफिसर की नौकरी से हटा दिए गए। 1854 में सीनेट का चुनाव हारे।1856 में पार्टी उपाध्यक्ष चुनाव में सौ से भी कम वोट मिले। 1858 में फिर सीनेट चुनाव हारे। लगातार जीवन की 14 लड़ाइयाँ हारने के बाद भी लिंकन ने जंग जारी रखी और अन्त में जो इकलौती जीत मिली, बस उसी ने लिंकन को कालजयी अब्राहम लिंकन बना दिया और यह जीत थी—अमेरिका के राष्ट्रपति पद के चुनाव की।

हार को पहनाइए इन सात फूलों का हार

जीतने से पहले कोई जंग खत्म नहीं होती। यदि किसी मुकाम पर कभी हार का सामना हो भी जाए तो इस हार को अन्तिम नहीं मानना चाहिए। जीवन में जब भी कभी हार का सामना करना पड़े, इसमें नीचे लिखे अनुभव के सात ऐसे फूलों की खोज करनी चाहिए जिन्हें गूँथ लेने पर विजयी हार बन जाता है।

ख्वामखाह के लक्ष्य तय करने से रहें दूर

जीवन में जब कभी हमे यह महसूस हो कि हम कोई जंग हार गए हैं, तो इस हार का गम मनाने से पहले हमें चाहिए कि हम उस जीत का आकलन

करके देखें जिसकी उम्मीद में हम वह जंग लड़ रहे थे। कहीं ऐसा तो नहीं कि हम अपनी लड़ाई ही किसी अनुपयोगी लक्ष्य के लिए लड़ रहे हों? कई बार हम कुछ ऐसी इच्छाओं को पूरा करने की जिद पाल बैठते हैं, जिनकी जिन्दगी में कोई उत्पादकता नहीं नहीं होती। क्रिकेट का खेल सीखने से पहले ही हम सचिन तेंदुलकर के रेकार्ड तोड़ने की जिद पाल लें और अन्त में हमें इसमें निराशा हाथ लगे तो क्या इस हार का गम मनाना जायज है? हाँ, यदि कोई जंग हमारे वजूद हमारी पहचान अथवा हमारे सम्मान के लिए जरूरी लगती हो, साथ ही हमारे पास यह जंग लड़ने के लिए पर्याप्त शक्ति, समय और दृढ़ता हो, इसके बावजूद किन्हीं कमियों के रहते हम यह जंग नहीं जीत पाते तो इस हार पर हमें चिन्तन करने की जरूरत अवश्य है। अव्यावहारिक एवं अनुपयोगी लक्ष्यों को प्रतिष्ठा का प्रश्न बना लेना मूर्खता से अधिक कुछ नहीं है। कहने का आशय यह है कि जिस लक्ष्य के लिए हम जंग शुरू करें, उस तक पहुँचने से पहले यह अवश्य देख लें कि हमारे लिये यह कितना जरूरी है?

हार का नाप-तौल जरूरी

कुछ हार जाने की मन:स्थिति में जिस तरह ऊपर अपनी जीत के लक्ष्य का दोबारा आकलन करने का मश्विरा दिया गया है ठीक उसी तरह उस हार का आकलन करना भी बेहद जरूरी है जिसे हम हार मान रहे हैं। हमें यह मालूम होना चाहिए कि हर जंग में जीत और हार का आकार और वजन बिल्कुल बराबर होता है। जितनी बड़ी जीत उतनी बड़ी हार। मान लीजिए, हमारी जंग किसी बड़े व्यापार की स्थापना कर अपने जीवन स्तर को ऊँचा उठाने के लिए थी। यदि इस व्यापार में हमें विफलता हाथ लगती है तो इस हार से हमें उतने ही आकार की निराशा, दु:ख और संत्रास होगा जितने आकार में हमें सफलता के बाद खुशी, उल्लास और सन्तोष मिलता। किसी भी विफलता के बाद हमें अपने धन और समय के नुकसान के साथ-साथ इस बात का भी आकलन करना चाहिए कि हमारी हार का हमारे लिए महत्त्व कितना है? इस हार से हमें कोई तात्कालिक नुकसान भर होकर रह गया है अथवा यह हमारे जीवन के दीर्घकालीन लक्ष्यों पर भी कोई असर डाल सकती है?

जो बचा है, उसकी सुध लें

किसी जंग में मिली हार से हुए नुकसान का आकलन कर लेने के बाद हमें इस बात का आकलन भी कर लेना चाहिए कि बड़े-से-बड़े नुकसान के बावजूद हमारे पास जो कुछ बचा रह गया है, उसका मोल और उपयोग कितना है? उदाहरण के तौर पर आर्थिक मोर्चे पर ही किसी लड़ाई में मिली विफलता के बाद व्यापार में लगा सारा पैसा डूब गया, हमारी फैक्ट्री अथवा दुकान भी बैंक ने सीज कर ली, हमारी लेनदारियाँ डूब गईं। इसके बावजूद भी सम्पत्ति के नाम पर निश्चित रूप से कुछ-न-कुछ ऐसा रहा होगा जो अपने अच्छे समय के दौरान हमारे द्वारा बरती गई किसी सावधानी की बदौलत सुरक्षित बचा रह गया। यदि ऐसा हो तो हमें अपनी समझदारी का आभार अभिव्यक्त करते हुए अपने भाग्य पर सन्तोष और मन में खुशी ढूँढ़नी चाहिए। यदि यह सब भी न बचा हो तो भी हमारी शिक्षा, हमारा व्यापारिक ज्ञान, हमारा अनुभव, हमारी साख, हमारे सम्पर्क, हमारी सेहत—ये सब वे कीमती धरोहरें हैं, जिन्हें बड़ा से बड़ा हादसा भी हमसे छीन नहीं सकता। यदि हम इनका महत्त्व समझ सकें तो इनकी सहायता से बड़ी-से-बड़ी लड़ाई फिर से जीती जा सकती है। हमारी तात्कालिक कोशिश यह होनी चाहिए कि इस बची हुई धरोहर को भी हम निराशा और जल्दबाजी में कहीं खो न डालें।

जीत और हार, दोनों नश्वर

हताशा के क्षणों में उपरोक्त सारा अभ्यास कर लेने के पश्चात् हमें एक विचार पर अवश्य चिन्तन करना चाहिए और वह यह कि जीवन में जब कोई जीत अन्तिम और स्थायी नहीं हो सकती तो कोई हार कैसे स्थायी हो सकती है? जीने की जंग कभी खत्म नहीं होती। हम चाहें अथवा न चाहें, जीत और हार, दोनों के बाद कोई-न-कोई नई जंग हमें चुनौती देने हमारे दरवाजे पर आ ही जाती है। जब जंग लड़ना जिन्दगी की अनिवार्य शर्त ही है, तो क्यों न इस जंग को जीत के इरादे के साथ लड़ा जाए? महात्मा गांधी ने कहा है कि पराजय से सत्याग्रही और अहिंसक को निराशा नहीं होती बल्कि इससे उसकी ताकत और क्षमता और बढ़ती है।

अब बारी है रणनीति की

यह तो तय हो गया कि जंग हमें हर हाल में लड़नी है। यह भी तय हो गया कि जंग सिर्फ जीत के लिए लड़नी है तो फिर यह तय करने में भी क्या हर्ज है कि इस जंग को एक रणनीति के साथ लड़ा जाए? रणनीति बनाने के लिए सबसे पहले यह जरूरी है कि अपनी समझ, क्षमता और सीमाओं का ईमानदारी से आकलन कर लिया जाए। जीत की रणनीति बनाने के लिए पिछली हार के अनुभव से बड़ी कोई मार्गदर्शिका नहीं हो सकती। हमें ठंडे दिमाग से उन कारणों की खोज करना चाहिए जिनकी वजह से हमें पिछली जंग में जीत से हाथ धोना पड़ा। हमारी रणनीति में क्या कमी रही? कहाँ और कौन-सी गलतियाँ हमने कीं? कौन-से लोगों का चुनाव गलत हो गया? इन सवालों के जवाब वह महँगी कमाई है, जिसे हमने बड़ी कीमत चुका कर खरीदा है। हार के इन सब कारणों का विश्लेषण करने के बाद अगली लड़ाई की योजना में इन सबके कारगर समाधानों पर विचार कर लेना चाहिए। वेण्डेल फिलिप नाम के विचारक कहते हैं कि पराजय और कुछ नहीं बल्कि केवल शिक्षा और अपेक्षाकृत अच्छी स्थिति की ओर पहला कदम है।

जैसा बीज वैसी उपज

ऊपर कहा जा चुका है कि लड़ाई जब अवश्यम्भावी है तो फिर यह जीत के लिए ही होनी चाहिए। मगर स्वेट मार्डन कहते हैं कि असफलता के विचार से सफलता का उत्पन्न होना उतना ही असम्भव है जितना कि बबूल के पेड़ से गुलाब का उगना। डिजरायली कहते हैं, सफलता का रहस्य ध्येय की दृढ़ता में है। हमारे मन में जीतने की इच्छा जितनी तीव्र होगी, हमारी जीत उतनी ही सुनिश्चित होती जाएगी। इसका अर्थ यह है कि मन में यह तय करके जंग की शुरुआत करनी चाहिए कि इसका अन्त तब ही होगा जबकि विजयश्री कदम चूम लेगी।

एकाग्रता और निरन्तरता

एक और विचार जीत की इस जंग में निरन्तर हमारे जेहन में रहना चाहिए और वह यह कि हमारी एकाग्रता अपनी सम्पूर्ण शक्ति के श्रेष्ठतम उपयोग

पर केन्द्रित रहनी चाहिए। लड़ाई के वक्त जीत और हार का विचार हमें अपने लक्ष्य से भटका सकता है। सी.डबल्यू. वेंटेटी का कहना है कि जीवन में सफलता पाना प्रतिभा और अवसर की अपेक्षा एकाग्रता और निरन्तर प्रयास पर अधिक अवलम्बित है। हमारा धर्म सिर्फ जंग जारी रखना है। जीत और हार तो इसके स्वाभाविक उत्पाद हैं। यह मानकर चलना चाहिए कि जीत के बाद शत्रु हमें बैठने नहीं देगा और हार के बाद हम खुद चैन से नहीं बैठेंगे।

जीने की शुरुआत, साठ के बाद

उम्र के कैलेंडर पर पचासवें वर्ष का पन्ना आते ही इनसान अक्सर जीवन की उलटी गिनती गिनना शुरू कर देता है। उमंगें अपना बोरिया-बिस्तर समेटना शुरू कर देती हैं और साठवें वर्ष की पूर्व संध्या आते-आते तो यह इनसान जीवन का समापन ही मान बैठता है, मगर क्या साठवीं वर्षगाँठ सही मायनों में जीवन के उल्लास को गाँठ बाँध कर एक तरफ पटक देने का समय है? क्या रोशोको जैसे विचारकों का यह निष्कर्ष सही मान लेना ठीक है कि बढ़ती उम्र मृत्यु का भय दिखाकर यौवन के समस्त उल्लास का निषेध कर देती है? मेरा मानना है कि ये सब बातें विरासत में हमें मिली कहावतों से ज्यादा कुछ नहीं हैं।

आधुनिक चिन्तक अब यह मानने लगे हैं कि कैलेंडर और घड़ी, दोनों मानव निर्मित वस्तुएँ हैं, जिनका विधाता के बनाए मनुष्य की वास्तविक उम्र से कोई ताल्लुक नहीं है। उम्र दरअसल मनुष्य की अपनी सोच, उसकी जीवनशैली और जीने की इच्छा का सामूहिक स्वरूप है। स्वेट मार्डन के अनुसार, मनुष्य तब तक बूढ़ा नहीं होता जब तक उसके जीवन में मधुरता और उत्साह बना रहता है, जब तक उसके मन में कार्य शक्ति का प्रवाह बना रहता है। इन सब बातों से भी आगे सच तो यह है कि इनसान के वास्तविक जिन्दगी जीने का समय ही साठ की उम्र के बाद शुरू होता है। इससे पहले का जीवन अपने अपने लक्ष्य, महत्त्वाकांक्षाओं और जिम्मेदारियों से इस कदर जकड़ा रहता है कि किसी भी व्यक्ति के पंख जीने की उड़ान के लिए खुल ही नहीं पाते।

पाश्चात्य देशों में 50-50 की उम्र तक काम करने के बाद लोग नौकरी इस सोच के साथ छोड़ देते हैं कि अब वे डैड लाइंस के तनाव, जिम्मेदारियों के बोझ और लक्ष्यों के बन्धन से मुक्त होकर वह जिन्दगी जीएँगे, जिसकी

अब तक वे सिर्फ कल्पना और कामना ही करते रहे हैं। हमने देखा होगा कि स्कूल और कॉलेज की परीक्षा के दौरान कड़ी मेहनत और थकान के बाद जब गर्मी की छुट्टियाँ आती है तो मन बल्लियों उछलने लगता है। सप्ताहान्त में शनिवार को हम वीकेंड डे का नाम देकर इसलिए सैलिब्रेट करते हैं कि आज हमारे जेहन पर अगले दिन के काम का कोई बोझ नहीं है क्योंकि अगले दिन छुट्टी है। हैरत की बात है कि जब हमें जीवन की सबसे लम्बी छुट्टियाँ नसीब होती हैं तो हम हताशा,अनिश्चितता और अनिर्णय में डूब जाते हैं और इस तरह अपने जीवन के स्वर्णिम काल को यूँ ही गँवा देते हैं। भारतीय परिवेश में जिन्दगी का पुष्प सही अर्थों में खिलने की यही उम्र लाचारी, तनाव और बोझ का पर्याय सिर्फ इसलिए बन जाती है क्योंकि हम अपने जीवन की गाड़ी का स्टीयरिंग व्हील इस मोड़ पर आने के बाद किसी और को थमा कर खुद अपने आपको पिछली सीट का बोझ बना लेते हैं। इस दौर में पहुँचते ही हमारी सोच सिर्फ बचे हुए समय को जैसे-तैसे गुजारने की बन जाती है। कुछ ही लोग ऐसे होते हैं जो इस मुकाम के बाद भी अपनी गाड़ी खुद हाँकना चाहते हैं, मगर सुनिश्चित सोच, प्लानिंग और समय प्रबन्धन के अभाव में इस सुनहरे समय को वे भी निरुद्देस्य सैर-सपाटे में गुजार कर अन्त में मलाल करते देखे जाते हैं। इन सब के विपरीत यदि अपने जीवन दर्शन, इच्छाओं और मूल्यों को सामने रखकर बचे हुए, उपलब्ध समय का सही प्रबन्धन कर लिया जाए तो उम्र के इस दौर से भी अधिकतम खुशियाँ निचोड़ी जा सकती हैं।

साठ के बाद खुशियों के सात पड़ाव

साठ की उम्र के बाद भी यदि नीचे लिखी सात बातों का ध्यान रख लिया जाए तो इस दौर को जीवन का सर्वश्रेष्ठ समय बनाया जा सकता है।

सबसे पहले सेहत

जीवन भर लक्ष्य और महत्त्वाकांक्षाओं के पहाड़ पर चढ़ते-चढ़ते पैर में कितने छाले हो गए और बदन कहाँ-कहाँ से छिल गया, यह देखने की उस समय सुध नहीं आती जब हमारी आँखों के सामने सिर्फ अपनी मंजिल और बस मंजिल

रहती है। मगर जब मंजिल हमें मिल चुके और हम लक्ष्यों की दौड़ से आगे निकल जाएँ तो इसके बाद कम-से-कम हमें सबसे पहले अपने शरीर की सुध लेकर यह देखना चाहिए कि शरीर की मशीन में जो कुछ टूट-फूट गया, उसमें से किस-किस पुर्जे की कितनी मरम्मत अभी सम्भव है और अगर सम्भव नहीं है तो जो बच गया है, उसकी कितनी सार-सँभाल की जा सकती है? जीवन की तमाम खुशियों को तब ही महसूस किया जा सकता है जब शरीर स्वस्थ रहे। आधुनिक चिकित्सा विज्ञान और मानव मन में छिपी शक्तियों की खोज ने यह सिद्ध कर दिया है कि दृढ़ इच्छा शक्ति, सही उपचार,नियमित व्यायाम और सही खानपान के द्वारा शरीर को किसी भी उम्र में नया बनाया जा सकता है। डॉक्टरों का कहना है कि हृदय से लेकर मस्तिष्क तक मानव के सभी अंग हमारे जन्म से लेकर मृत्यु तक इतनी बार नष्ट होकर नए बनते हैं कि इस आवृत्ति को गिना नहीं जा सकता। सिर्फ जरूरत इस बात की है कि नष्ट हो रहे अंग के उत्तक व अवयव नए बन रहे अंग के विकास में बाधक न बनने लगें। इन मृत अवयवों को हटाने का कार्य शरीर की भीतरी सफाई, व्यायाम, नियंत्रित औषध सेवन एवं संयमित खानपान के द्वारा पूर्णतया सम्भव है।

मनोरंजन का मजा

अपने काम-काजी जीवन के दौरान काम-काज की मारामारी और व्यस्त दिनचर्या के दौर में हर किसी के मन में कई हल्की-फुल्की इच्छाएँ दबी ही रह जाती हैं, मसलन फुरसत पाकर परिवार के साथ कोई मजेदार-सी फिल्म देखी ली जाए। दोस्तों के साथ बैठकर फालतू की गप्पें मारी जाएँ। कैरम या टेबल टेनिस में हाथ आजमाए जाए। एकान्त में बैठकर अपने फेवरेट गायक के पसन्दीदा गाने सुने जाए। विडम्बना यह है कि इनसान के पास जब इन सब इच्छाओं को पूरा करने का समय और फुरसत आती है तब तक लोग इन इच्छाओं को ही मार बैठते हैं। हमें चाहिए कि इन अधूरी इच्छाओं को अब हल्का-फुल्का न समझें बल्कि इनसे प्राप्त होने वाली खुशी को महसूस करने का प्रयास करें। हम पाएँगे कि जीवन का वास्तविक आनन्द तो इन छोटी-छोटी खुशियों में ही है। समय आने पर इन सब खुशियों को बारी-बारी से पाने का एक व्यवस्थित कैलेंडर बना लेना चाहिए ताकि ऐसी कोई भी खुशी हमारी दिनचर्या से बाहर न रह जाए।

सीखने की उमंग

उम्र का यह मुकाम व्यक्तित्व विकास का पूर्णविराम नहीं होता। जैसाकि विनोबा ने कहा है, बूढ़ा वही होता है जिसने नया सीखना बन्द कर दिया हो इस दौर में अपनी दिनचर्या का कुछ हिस्सा कुछ-न-कुछ नया सीखने के लिए सुरक्षित रखना चाहिए। यह नया, कम्प्यूटर सीखने का कोर्स भी हो सकता है तो संगीत सीखने का भी। किसी की रुचि हो तो वह खाना बनाना भी सीख सकता है तो सृजनात्मक लेखन भी। कुल मिलाकर व्यक्तित्व में ऐसा कुछ जुड़ते रहना चाहिए जो हमारे भीतर नई उमंग के साथ-साथ आत्मविश्वास भी भरे। नए जोश से हृदय में बहने वाला रक्त शरीर में नए तन्तुओं का निर्माण करता है।

ऋण शुद्धि

उम्र के पाँच दशकों तक सफलता और उपलब्धियों का संचय करने के बाद हमारी जिम्मेदारी बनती है कि संसार और समाज से हमें जो कुछ मिला है, उसके बदले में कुछ लौटाने की कोशिश करें। हम अपने अर्जित अनुभव, ज्ञान और जानकारी का इस्तेमाल कर न सिर्फ अपने बच्चों को तनाव के क्षणों में इससे उबरना सिखा सकते हैं बल्कि अपने कार्यक्षेत्र से जुड़े युवाओं को अपना काम निपटाने के आसान गुर सिखा सकते हैं। लोगों को खुशी पाने के वे राज आप साझा कर सकते हैं जो खुद आपने अपने अनुभव के समन्दर में गोता लगाकर निकाले हैं। नौजवानों को सफलता प्राप्ति के ऐसे व्यावहारिक नुसखे बताने का काम आप एक अभियान के रूप में शुरू कर सकते हैं जिन्हें आपने अपने जीवन में खुद आजमाया है। समाज के प्रति अपना ऋण चुकाने का सबसे आसान तरीका है—पढ़ाना। यदि आपको अपनी रुचि से जुड़ा विषय औपचारिक रूप से पढ़ाने का अवसर न भी मिले तो आप इससे जुड़ी कार्यशालाएँ आयोजित करने वाले लोगों से सम्पर्क कर सकते हैं। यह भी न हो तो अपने अनुभवों को किताब अथवा डायरी का रूप अवश्य दिया जा सकता है।

पढ़ना

किताब संवेदनशील लोगों की पुरानी मित्र रही है। वीडियो और इंटरनेट के जमाने में यद्यपि यह कम दिखाई देने लगी है, मगर समझदार लोग आज भी इसका

महत्त्व समझते हैं। जो व्यक्ति अपने मस्तिष्क को अनुशासन में रखना चाहते हैं, उनके लिए किताब एक नायाब जरिया है। छपे हुए शब्दों की धारा भटकते मन को इस तरह अपने साथ बहा ले जाती है कि यथार्थ की कड़वाहटें जमीन पर ही माथा पटकती रह जाती हैं। जिन लोगों ने बचपन में 'चन्दामामा' और 'पराग' का किशोरवय में जासूसी उपन्यासों का और परिपक्व होने पर प्रेमचंद, आचार्य चतुरसेन और वृन्दावन लाल वर्मा के लेखन का लुत्फ लिया है, वे अच्छी तरह जानते हैं कि किसी किताब के पूरी होने के बाद मन किस आकाश में उड़ रहा होता है।

सेवा

आत्मसन्तोष हृदय को नया जीवन देता है। किसी की मदद करके मन को जो प्रसन्नता होती है, उसे किसी यंत्र से नापा नहीं जा सकता। जीवन भर चाहकर भी न कर पाने वाले लोगों को यह दौर इस कार्य के लिए अवसर प्रदान करता है। हम भले सप्ताह में एक बार ही सही, किसी ऐसे स्थान पर जाकर तन, मन अथवा धन से कुछ योगदान दें, जहाँ कैंसर जैसे असाध्य रोगों के रोगियों की वेदना मुक्ति का कार्य किया जा रहा हो, परित्यक्त वृद्धों का उपचार किया जा रहा हो अथवा जीवन से हारे लोगों में नई चेतना का संचार करने का कार्य किया जा रहा हो। यहाँ गुजारे कुछ ही पल हमें वर्षों की उम्र जी लेने का अहसास कराएँगे। जरूरी नहीं कि हम इस कार्य के लिए पैसा खर्च ही करें। कर सकें तो अच्छा, मगर न भी कर सकें तो यह जरूरी नहीं कि अपने हाथ से कोई सेवा का कार्य किया ही जाए। हम बस किसी अनजान रोगी से दो पल मन की बात साझी कर उसे मुट्ठी भर खुशी भी दे सकें तो ये पल हमारे जीवन में झोला भर खुशियाँ ला सकते हैं।

धर्म

भारतीय आध्यात्म एवं दर्शन कुल मिलाकर मन के अनुशासन का ही विज्ञान हैं। मन के भटकाव से ही तनाव उत्पन्न होता है तथा मन के साधने से ही सुकून। धर्म हमें तर्कसंगत तरीके से यह सिखाता है कि हम जिन बातों को लेकर चौबीसों घंटे तनाव में रहते हैं, दरअसल उनका कोई वजूद है ही नहीं। आध्यात्म की ओर उन्मुख होकर हम फिजूल तनावों से मुक्त हो सकते हैं तथा तनाव से मुक्ति ही हमारी तमाम खुशियों का वास्तविक आधार है।

जीने की जिद

प्रस्तुत अध्याय में जिस विषय पर हम चर्चा करने जा रहे हैं, उस पर लोग चर्चा करना तो दूर, इसे जुबान पर लाने भर से काँप उठते हैं। विषय है—आत्महत्या। इस अप्रिय विषय पर बात करने से हम चाहें जितनी कन्नी काट लें, मगर कबूतर के आँख बन्द कर लेने भर से सामने खड़ी बिल्ली गायब नहीं हो जाती। किसी रोग पर कपड़ा ढक देने से रोग मिटता नहीं। पिछले एक अरसे के दौरान कोटा जैसे कोचिंग प्रधान शहरों से युवाओं द्वारा आत्महत्या करने के समाचार बड़ी संख्या में सुनाई देने लगे हैं। हाल ही समाचार-पत्रों में लगातार छपी खबरों के अनुसार तेलंगाना में 12वीं कक्षा की परीक्षा के नतीजे जारी होने के बाद से लेकर अब तक 20 छात्र आत्महत्या कर चुके हैं। सिर्फ छात्र ही नहीं, मौजूदा जीवनशैली से उकताए बहुत-से परिपक्व लोग भी इस दुर्भाग्यपूर्ण रास्ते पर बढ़ते देखे जा रहे हैं। कर्ज के बोझ से दबे किसानों द्वारा फाँसी लगा लेने की खबरें आए दिन सुर्खियाँ बटोरती रही हैं। ऐसे में क्या हर्ज है अगर इस विषय पर भी खुलकर चर्चा की जाए?

उत्पत्ति इस खौफनाक खयाल की

जाने-माने मनोवैज्ञानिक पॉल जी. क्विनेट ने अपनी पुस्तक *सुसाइड : द फॉर एवर डिसीजन* में विभिन्न शोधों का हवाला देते हुए कहा है कि हर व्यक्ति अपने जीवन में कभी-न-कभी आत्महत्या के बारे में सोचता अवश्य है। अक्सर हम यह मान कर चलते हैं कि आत्महत्या का विचार किसी व्यक्ति के मन में तब आता है जब उसके भीतर की पीड़ा उसकी लड़ने की शक्ति

से अधिक हो जाती है, किन्तु इस विषय में मेरा यह मानना है कि ऐसा विचार व्यक्ति के मन में तब भी आ सकता है जबकि उसकी पीड़ा और इससे लड़ने की ताकत भले बराबर रही हो, मगर हमारी किसी नकारात्मक जिद ने इस ताकत के इस्तेमाल से हमें रोक दिया हो। कभी-कभी आत्महत्या का प्रयास कुछ लोग महज किन्हीं खास लोगों की सहानुभूति का केन्द्र बनने के लिए भी कर बैठते हैं। आम तौर पर लम्बे अवसाद, हताशा, बार-बार की पराजय, आर्थिक नुकसान, किसी अपने द्वारा दिए गए धोखे अथवा शारीरिक व्याधि जैसे गम्भीर कारणों से आत्महत्या का प्रयास करने वाले लोग भी खुद अपने ही आक्रोश का शिकार बन जाते हैं।

सोहबत का असर

अमेरिका में आत्महत्याओं के विरुद्ध अभियान चला रही संस्था 'अमरीकन फाउंडेशन फार सुसाइड प्रिवेंशन' के एक ताजा शोध के अनुसार, किसी व्यक्ति द्वारा आत्महत्या किए जाने का सीधा असर उसके दोस्तों पर पड़ता है और इसके परिणाम स्वरूप उनमें भी खुदकुशी की आशंका दोगुनी हो जाती है। सन् 2015 में किए गए इस अध्ययन के अनुसार खुदकुशी करने वाले व्यक्ति के मित्रों में आत्महत्या के प्रयास के बारे में जानने के एक साल बाद आत्महत्या की आशंका दोगुनी पाई गई।

अपनों की जिम्मेदारी

किसी भी सम्भावित आत्महत्या को रोकने में अक्सर पीड़ित व्यक्ति के आसपास के लोगों की खास भूमिका मानी जाती है। उनसे यह अपेक्षा रहती है कि वे जब भी किसी व्यक्ति में घोर निराशा के भाव महसूस करें, किसी के स्वभाव में अचानक कोई बदलाव देखें, किसी को मानसिक रूप से अचानक ही टूटा हुआ-सा पाएँ, किसी से बातचीत के दौरान कुछ चेतावनी भरे भाव सुनें तो न सिर्फ उस व्यक्ति को भीतर से टटोलें बल्कि उसके भावों को इस कदर सहलाएँ कि वह आपके सामने फूटकर अपनी पीड़ा बहा डाले। जरूरत पड़े तो उसे यह भी बताएँ कि जान देने के विचार कभी-कभी उनके मन में भी

आते हैं, मगर वे अमुक उपाय अपना कर इनसे निकल जाते हैं। ऐसे व्यक्ति को यह विश्वास दिलाया जाना भी जरूरी है कि उसे आहत करने वाले लोगों अथवा परिस्थितयों, चाहे यह उसका भाग्य ही क्यों न हो, को पराजित होते हुए देखने के लिए उसका जिन्दा रहना जरूरी है।

एक अनुभव मेरा अपना

अमेरिका की संस्था 'यूथ सुसाइड नेशनल सेंटर' की पूर्व निदेशिका शारलोट रास का कहना है कि आत्महत्या मृत्यु का ऐसा कारण है जिसे रोका जा सकता है, मगर इससे भी आगे मेरा अपना यह मानना है कि आत्महत्या को न सिर्फ रोका जा सकता है बल्कि आत्महत्या की मन:स्थिति को जीवन बदल देने वाले अवसर के रूप में इस्तेमाल किया जा सकता है। *टफ टाइम्स नेवर लास्ट टफ पिपुल डू* पुस्तक के लेखक डॉ. रॉबर्ट एच. शूलर का कहना है कि हर समस्या सम्भावनाओं से भरी है। आप अपनी समस्याओं के पहाड़ को सोने की खदान में बदल सकते हैं। हर विपत्ति के भीतर एक अविकसित सम्भावना के बीज छिपे रहते हैं। मैंने अपने इस विचार को खुद अपने जीवन में अंकुरित होने से लेकर सम्भावनाओं के पेड़ पर फल लदने तक देखा और जिया है। मेरी यह सोच मेरे जीवन के एक रोमांचकारी अनुभव से जुड़ी है। नीचे दिए गए मेरे इस संस्मरण की शेयरिंग अगर किसी एक इनसान को भी जीवन दे सकी तो इस नितान्त निजी और अंतरंग वाकये का सार्वजनिक किया जाना मेरे लिए सार्थक हो जाएगा।

मेरे जीवन से जुड़ी यह घटना उन दिनों की है जब मैं गवर्नमेंट कॉलेज, अजमेर में अध्ययन कर रहा था। जैसाकि इस लेख संग्रह के आरम्भ में कहा गया है मैं अपनी विशिष्ट शारीरिक सीमाओं के कारण बगैर किसी की मदद के कॉलेज जाने व वापस घर आने में सक्षम नहीं था। श्याम नामक एक साइकिल चालक महीने के कुछ पैसे लेकर मुझे कॉलेज ले जाया व वापस लाया करता था। कॉलेज में मेरी आखिरी क्लास अक्सर दोपहर डेढ़ बजे छूट जाया करती थी। यह वह दौर था जब न घरों में टेलिफोन होते थे न जेब में मोबाइल और न ही शहर में परिवहन के पर्याप्त साधन। एक दिन श्याम अपनी निजी व्यस्तता के कारण शाम 4 बजे तक मुझे कॉलेज से वापस लाने

के लिए नहीं पहुँच पाया। मेरे कुछ सहपाठी जो डेढ़ बजे अपने अपने घर जा चुके थे, अपने नियमित स्पोर्ट्स के लिए वापस जब कॉलेज आ पहुँचे उस समय मैं कॉलेज में गार्डन की मुंडेर पर बैठा था। वे मेरी तरफ हैरत से देखने लगे, मगर अपने न किए गए सवाल का जवाब मेरी आँखों की नमी में पाकर ही वे सारा माजरा समझ गए। मेरे सहृदय मित्रों ने साइकिल पर बिठाकर मुझे घर तो छोड़ दिया मगर मेरी हीन भावना बोझ बनकर मेरे मन पर ही धरी रह गई। एक खतरनाक-सा विचार मस्तिष्क में कौंध गया। ऐसा जीवन भी किस काम का जिस पर लोग इस तरह तरस खाएँ? घर के नजदीक स्थित दवा की दुकान से कीटनाशक खरीदा और अपने आपको मिटा देने के लिय रात होने का इन्तज़ार करने लगा। पढ़ाई का कमरा मकान की तीसरी मंजिल पर था। टेबल से टिककर बैठा हुआ मैं रात के दस बजने का इन्तज़ार करने लगा। समय गुजारने के लिए टेबल पर रखी अपने कोर्स की किताबों को उलटने-पलटने लगा। इसी समय एक किताब मेरे हाथ में आई, जिसका विषय था *कम्पेरेटिव पॉलिटिकल इंसटिट्यूशंस*। विषय पढ़ते ही विचारों की एक पूरी श्रृंखला मस्तिष्क में तैर गई। इसी विषय से जुड़ा गुजरे परीक्षा सत्र का एक किस्सा मैं अपने कई दोस्तों को सुना चुका था।

उपरोक्त विषय का कोर्स अत्यन्त लम्बा था तथा परीक्षा कार्यक्रम में इस प्रश्न-पत्र से पहले एक दिन का गैप भी नहीं था, अत: मैंने सभी चैप्टर्स सरसरी नजर से देखने के बाद सिलैक्टेड चैप्टर्स तैयार करने का निर्णय लिया और छ: चैप्टर ठीक से पढ़ लिए। उन दिनों प्रश्न-पत्र में कुल 11 प्रश्न उपलब्ध रहते थे, जिनमें से कोई से 5 प्रश्न हल करने का विकल्प मौजूद रहता था। सोचा, 11 में से 5 प्रश्न तो हल करने लायक आ ही जाएँगे। परीक्षा के दौरान जब प्रश्न-पत्र सामने आया तो यह देखकर होश उड़ गए कि 11 में से एक भी प्रश्न किसी तैयार किए हुए चैप्टर में से नहीं आया था। आँखों के आगे अँधेरा-सा छा गया और मन कई आशंकाओं से घिर गया। परीक्षक को खाली उत्तर पुस्तिका सौंप कर परीक्षा भवन से जाना चाहा तो परीक्षक ने एक घंटा बीतने से पहले बाहर जाने की अनुमति देने से इनकार कर दिया। समय बिताने की गरज से प्रश्न-पत्र को उलट-पलट कर पढ़ना शुरू कर दिया। प्रश्न-पत्र में कुछ शब्द जैसे 'जनमत', 'दबाव समूह' वगैरह पर नजरें अटक गईं। इन शब्दों के बारे में थोड़ी-बहुत जानकारी मुझे थी। दिल ने कहा, जब एक घंटा

यहाँ बैठे रहना जरूरी ही है तो क्यूँ न कुछ करके टाइम पास करें। मैंने एक प्रश्न चुना, जिसमें लिखे कई शब्दों के बारे में मुझे थोड़ी-बहुत जानकारी थी। मैंने बगैर किसी हड़बड़ी के इस जानकारी को मन ही मन संकलित करके क्रम से संजोया,कुछ अपने सामान्य ज्ञान और कुछ अपनी रोचक लेखन शैली का सहारा लिया और ठंडे दिमाग से धीरे-धीरे इसका उत्तर देना शुरू किया। जैसे-जैसे लिखता गया, कई और बातें याद आती गईं और लिखने की रफ्तार बढ़ती गई। थोड़ी ही देर में परीक्षक ने करीब आकर बताया कि एक घंटा बीत चुका है। अब चाहो तो कॉपी देकर जा सकते हो, मगर अब मुझे लिखने में मज़ा आने लगा था। एक प्रश्न का उत्तर पूरा हो चुका था। मन में खयाल आया साल तो खराब हो ही चुका है, मगर यह उत्तर पुस्तिका और यह ढाई घंटा अभी अपने अधिकार में है। मैं इसका जैसे चाहूँ, उपयोग करने के लिए स्वतंत्र हूँ। क्यूँ न मिला हुआ समय इस उत्तर पुस्तिका के पन्ने अपनी मर्जी से भर कर बिताऊँ? प्रश्न-पत्र को दोबारा टटोला तो एक और प्रश्न में कुछ सम्भावना दिखाई दे गई। आत्मविश्वास लौट आया था। दूसरे प्रश्न के बाद तीसरा प्रश्न भी अपनी मर्जी के उत्तर से हल कर डाला। चौथा प्रश्न हल करते-करते जब सिर्फ पन्द्रह मिनट शेष रहने की घंटी बजी। मैंने चौथे प्रश्न का उत्तर संक्षेप मे समेट कर शेष समय में पाँचवाँ प्रश्न हल करने का निर्णय लिया। अन्तिम प्रश्न का उत्तर देते समय भी मैंने वही नीति अपनाई। जो कुछ मेरे पास है, उसे सर्वश्रेष्ठ रूप में प्रस्तुत भर करना है। आखिरी प्रश्न का उत्तर देते समय ऐसा लगा कि मेरे पास लिखने के लिए काफी कुछ है जबकि समय कम है। परीक्षक ने जब हाथ से कॉपी छीनी तब तक पाँचवें उत्तर के भी साढ़े तीन पन्ने पूरे हो चुके थे। परीक्षा भवन से बाहर निकलते समय परिणाम की चिन्ता से ज्यादा इस बात की खुशी थी कि मैंने ढाई घंटे का उपयोग अपनी सौ प्रतिशत क्षमताओं के साथ किया है। जब परीक्षा परिणाम आया तो मैं यह देखकर हैरान रह गया कि जिस प्रश्न-पत्र में मैंने खाली कॉपी छोड़कर परीक्षा भवन से बाहर चले आने का निर्णय ले लिया था, उसी में मुझे सर्वाधिक अंक प्राप्त हुए थे।

कॉलेज की परीक्षा का यह वाकया याद कर मैं खयालों में इस कदर खो गया कि कब घड़ी ने रात के साढ़े दस बजा दिए, पता ही नहीं चला। यह वाकया ऐसे समय पर याद आया था जब मैं जिन्दगी के इम्तहान की

कॉपी खाली छोड़कर भागने की तैयारी कर रहा था। विचारों ने अचानक एक नई करवट लेनी शुरू कर दी। जिन्दगी में जब सब कुछ खोया हुआ मान ही लिया है तो अब परिणाम की चिन्ता भी क्या? परीक्षा के लिए उपलब्ध समय के साथ-साथ उत्तर पुस्तिका और कलम अभी मेरे हाथ में है। इन्हें छोड़कर चले जाना भी मेरे हाथ में है, मगर ऐसा तो मैं कभी भी कर सकता हूँ। हाँ, लेकिन हाथ में मौजूद जीवन की उत्तर पुस्तिका और अपने कर्म की लेखनी को बगैर आनन्द लिए एक बार छोड़ दिया तो ये दोबारा मिलने वाले नहीं हैं। मन में एक नया संकल्प जागा और खिड़की के पास जाकर हाथ में मौजूद कीटनाशक की शीशी को इतनी जोर से दूर फेंका कि इसका खयाल भी कभी लौट कर जिन्दगी में न आ सके।

उपरोक्त वाकये ने न सिर्फ मुझे हताशा के अँधेरे से बाहर निकाला बल्कि मुझे जीतने की वह जिद भी दी, जिसे बाद में कोई चुनौती पराजित नहीं कर सकी।इसी जिद के सहारे मैंने जीने का नया सिलसिला शुरू किया। अपने बड़े भाई की मदद से खुद साइकिल चलाना सीखा, फिर स्कूटर और फिर कार। एक के बाद एक मकाम तय होते गए। पढ़ाई की अनेक डिग्रियाँ व स्वर्ण पदक प्राप्त करने के साथ-साथ कई चुनौतीपूर्ण पद हासिल किए। पत्रकारिता का सर्वोच्च मकाम पाने के साथ-साथ सैंकड़ों मित्र बनाए। अनेक संगठनों का नेतृत्व किया। अपने परिवार ही नहीं, अपने अनेक मित्रों का उनकी जरूरत के वक्त सम्बल बना। जिस शारीरिक चुनौती को लेकर पहले मैं विधाता को कोसा करता था, उसी चुनौती को मैं एक वरदान के रूप में देखने लगा। जीवन में ऐसे बहुत-से काम करके दिखाए जो शारीरिक रूप से सक्षम व्यक्ति के लिए भी एक चुनौती जैसे हुआ करते हैं।

जीने की जिद : सात विचार एक चमत्कार

जैसाकि ऊपर कहा जा चुका है, सच कितना ही कड़वा हो, उसे स्वीकार कर लेना ही समझदारी है। जान देने का विचार कितना ही कायरतापूर्ण हो, इसे स्वीकार करना पड़ेगा कि जीवन के किसी मुकाम पर किसी भी व्यक्ति के जेहन में किसी क्षण यह घुसपैठ कर सकता है, मगर इन सात विचारों में से किसी भी एक विचार को वह ऐसे नाजुक समय पर याद करके इस अवसर

को जीने की जिद में बदल सकता है। इसी क्षण को वह अपने जीवन का टर्निंग प्वाइंट बना सकता है। पानी में डुबकी लगाने की सोच रहा व्यक्ति खुले आकाश में उन्मुक्त उड़ान का अनुभव कर सकता है। तो आइए देखें किस तरह दुर्भाग्यपूर्ण सा लगने वाला यह क्षण हमारे सौभाग्य के दरवाजे खोल सकता है?

मान लीजिए सब कुछ खो चुका

उजाले की पहली किरण गहरे अँधेरे की कोख से ही जन्म लेती है। हमारे जन्म से पूर्व हमारी माता को गहन प्रसव पीड़ी भोगनी होती है। मैंने परीक्षा भवन के उपरोक्त उदाहरण से जो पहला सबक सीखा, वह यह था कि जब तक हम सब कुछ खो चुकने के अहसास का अँधेरा पूरी शिद्दत के साथ महसूस नहीं कर लेते, हमारे भीतर छिपी रहस्यमय ताकत आँखें नहीं खोलती। परीक्षा के दौरान जब मैंने इस बात को मन से स्वीकार कर लिया कि मेरा पूरा वर्ष बरबाद हो चुका है तथा मुझे अब फेल होने से कोई बचा नहीं सकता, तब ही मेरे भीतर इस विचार ने जन्म लिया कि फेल होने से ज्यादा मेरा और कुछ नुकसान होना सम्भव भी नहीं है या यूँ कहें कि इससे ज्यादा मेरे पास खोने को कुछ नहीं है। परीक्षा भवन में पूरी तरह निराश हो चुकने के बाद ही मेरे भीतर यह विश्वास जन्म ले पाया कि अब तो सिर्फ पाना ही शेष है, चाहे वह अपनी क्षमताओं के सर्वश्रेष्ठ प्रदर्शन का आनन्द हो अथवा मिले हुए समय को मजे से गुजारने का आनन्द। कहने का तात्पर्य यह है कि जब भी हमें किसी नुकसान की आशंका सताए, या कुछ खो जाने का डर लगे तो सबसे पहले हमें होने वाले नुकसान को हो चुका मान लेना चाहिए। इसका सबसे बड़ा लाभ यह होगा कि हमारे स्नायु तंत्र पर से परिणामों का तनाव दूर हो जाएगा और हम इसके बाद ही मस्तिष्क व शरीर की सम्पूर्ण क्षमताओं का शान्त मन से उपयोग कर पाएँगे।

दोनों हाथों में लड्डू

घोर निराशा की स्थिति में भी सोच का एक और तरीका हमारी सहायता कर सकता है। यह सच है कि बुरी से बुरी स्थिति में हर इनसान के दोनों हाथों में

लड्डू होता है। कोई भयानक नुकसान होने की आशंका से हम घिर गए हों तो भी, और यदि नुकसान हो चुका हो तब भी। यदि हमें किसी नुकसान के होने की आशंका सता रही हो तो हमें यह सोच राहत दे सकती है कि नुकसान अभी हुआ नहीं है और इसके होने से पहले ही हम न सिर्फ सतर्क हो गए हैं बल्कि हमें इसे रोकने के प्रयास करने या नुकसान को न्यूनतम करने का समय और अवसर मिल गया है। यह अवसर और इस अवसर पर हमारे द्वारा किए गए प्रयास ही हमारे बुरे वक्त का सौभाग्य हैं। दूसरी स्थिति में हम यदि किसी नुकसान के हो चुकने से व्यथित हैं तो हमें यह सोच राहत दे सकती है कि जो चिन्ता हमें अब तक दिन-रात सताए थी, जिसकी वजह से हमें न नींद आती थी, न भूख लगती थी वह चिन्ता अब समाप्त हो चुकी है। जो अधिकतम हम खो सकते थे, वह खो चुका है। अब आगे हमारा ज्यादा कुछ बिगड़ने वाला नहीं है। किसी के भी जीवन में सबसे बड़ा नुकसान यही हो सकता है कि हमारी जान चली जाए, मगर चूँकि यहाँ हम खुद ही जान देने को तैयार बैठे हैं। इससे जाहिर है कि निकृष्टतम स्थिति का डर भी हमारे मन से निकल चुका है। ऐसे में कोई छोटी-मोटी चिन्ता हमारा क्या बिगाड़ सकती है? किसी डर का मन से निकल जाना निश्चय ही किसी उत्सव से कम नहीं होता।

सब कुछ खोकर भी काफी कुछ बचा रहता है हमारे पास

जब हमारा सब कुछ खो जाता है तब भी हमारे पास बहुत कुछ शेष बचा रहता है। परीक्षा भवन के उपरोक्त उदाहरण से ही मैंने यह भी सीखा कि सब कुछ खो जाने के बाद भी वास्तव में सब कुछ खो नहीं जाता। परीक्षा के दौरान एक क्षण ऐसा आया था जब मैंने यह मान लिया था कि मैं इस प्रश्न-पत्र में पूरी तरह फेल हो चुका हूँ तथा मेरा कॅरियर और साथ ही पूरा जीवन बर्बाद हो चुका है। पूरी तरह निराश हो जाने के बाद ही मेरी सोच के विपरीत मन में इस विचार ने जन्म लिया कि अभी सब कुछ खोया नहीं है। मौजूदा समय में भी प्रश्न-पत्र के लिए उपलब्ध ढाई घंटे की अवधि, यह उत्तर पुस्तिका और मेरी निजी क्षमताएँ जैसे मेरी याददाश्त, मेरा सामान्य ज्ञान, मेरी लेखन शैली मेरे पास अभी मौजूद हैं। यदि इनके उपयोग के बाद भी सकारात्मक परिणाम नहीं मिल पाया तो इस साल के बाद भी जिन्दगी के अन्य कई साल मेरे पास

अभी शेष हैं। प्रत्येक इनसान को घोर निराशा के समय इस विचार पर गौर करना ही चाहिए कि सब कुछ खो जाने का अहसास असलियत में कभी भी वास्तविक नहीं होता। बड़े-से-बड़े नुकसान के बाद भी यह सोच जिन्दा रहनी चाहिए कि अब भी मेरे पास काफी कुछ ऐसा मौजूद है जो हारी हुई बाजी को पलट सकता है, जैसे मेरा यह शरीर, मेरी काम करने की शक्ति, मेरा मस्तिष्क, मेरी सोचने की शक्ति, मेरा ज्ञान, मेरा अनुभव और मेरा यह जीवन जो अभी हाथ से निकला नहीं है। बची हुई इतनी सारी निधियों की आधी क्षमता का भी उपयोग कर लिया जाए तो वर्तमान और भविष्य की तमाम चुनौतियों को चारों खाने चित्त किया जा सकता है।

अद्‌भुत शक्ति का जागरण

अवसाद से घिरा कोई इनसान जब कोई खतरनाक कदम उठाने का निर्णय ले रहा होता है, उस समय उसका हृदय उसके मस्तिष्क पर पूरी तरह हावी होता है। कहने का अर्थ यह कि ऐसे समय में वह तर्क की अपेक्षा भावना के वश में होता है, किन्तु ऐसे समय में भी वह यह सोचने के लिए मस्तिष्क का इस्तेमाल अवश्य करता है कि उसे वह खतरनाक कदम उठाने के लिए कौन-सा तरीका अख्तियार करना है? साथ ही, यह निर्णय लेने में भी वह मस्तिष्क का इस्तेमाल करता है कि ऐसा करने के लिए समय कौन-सा उपयुक्त रहेगा? इस बात से प्रमाणित होता है कि मनुष्य कितना भी भावनाओं के वश में हो, उसका मस्तिष्क काम करना बन्द नहीं करता। बस, इसी बात का फायदा उठाकर भावनाओं के आवेग में कोई कदम उठाने जा रहा मनुष्य एक ऐसी उपलब्धि हासिल कर सकता है जो पूरे जीवन में उसे अन्यथा हासिल नहीं होती। यही वह समय है जब वह अपने संवेदना मीटर की सहायता से अपने भीतर छिपी रहस्यमय ताकत का न सिर्फ दर्शन कर सकता है बल्कि इसका स्केल भी देख सकता है। प्रत्येक मनुष्य की संवेदनाओं की तीव्रता अलग-अलग होती है। एक जैसी घटनाओं पर अलग-अलग मनुष्य अलग-अलग तीव्रता से प्रतिक्रिया करते हैं तथा अलग-अलग हरकत करते हैं। जिस मनुष्य की संवेदनाओं में जितनी अधिक तीव्रता होती है, उसकी इच्छा शक्ति उतनी ही प्रबल होती है। एक

ही घटना पर हमारा एक मित्र रोना शुरू कर देता है तो दूसरा झुंझला कर तोड़-फोड़ शुरू कर देता है,तीसरा इसी घटना पर किसी की पिटाई कर देता है तो चौथा इसी घटना के बाद अपने दोस्तों के साथ पार्टी मनाना शुरू कर देता है। हम जिस घटना से विचलित होकर कोई खतरनाक कदम उठाने की सोच रहे हैं, हमें कल्पना करके देखना चाहिए कि इसी घटना पर उपरोक्त सभी प्रकार के मित्र किस-किस तरह से प्रतिक्रिया करते हैं? हम यदि यह पाते हैं कि इन सबकी अपेक्षा हमारी प्रतिक्रिया सर्वाधिक तीव्र है तो हमें यह जानकर खुश होने की जरूरत है कि हमारे पास मन की शक्ति इन सबसे ज्यादा प्रबल है। यह इस बात का प्रमाण है कि हमारे भीतर वह असाधारण शक्ति मौजूद है जो किसी भी असम्भव को सम्भव में बदलने में सक्षम है। यह वह असाधारण शक्ति है जिससे हम खुद अब तक अपिरिचित थे।

संवेदनाओं की जो ताकत मनुष्य को निराशा के गहरे गर्त में ले जा सकती है, उन्हीं संवेदनाओं में इतनी ताकत है कि यह डूबते हुए इनसान को आकाश की ऊँचाइयाँ दिखा सकती है। ऐसे व्यक्ति को गोस्वामी तुलसीदास जैसे उन संवेदनशील लोगों का स्मरण करना चाहिए जिन्हें पत्नी ने छोटा-सा ताना मारा तो उन्होंने भावनाओं के वशीभूत होकर घर गृहस्थी तो छोड़ी, मगर इन्हीं भावनाओं की तीव्रता का इस्तेमाल कर एक ऐसे महाकाव्य की रचना कर डाली जो युगों युगों तक अमर रहने वाला है। हताशा में डूबे इनसान के लिए अपने भीतर छिपी किसी महाशक्ति का अहसास किसी तपस्वी को सिद्धि मिल जाने से कम नहीं है।

मरना ही है तो लड़ कर मरें

खुद अपनी जान देने की हद तक पहुँचने वाले इनसान की मनोदशा पर गौर किया जाए तो हम पाएँगे कि ऐसे इनसान की मनोदशा लगभग वैसी ही होती है जैसी कि किसी जान लेने की हद तक पहुँच चुके मनुष्य की होती है। दोनों ही स्थितियों में मनुष्य का गुस्सा अपने चरम पर होता है। उनका यह गुस्सा ईश्वर या किस्मत के प्रति, किसी अपने अथवा पराये इनसान के प्रति या फिर खुद अपने आपके प्रति हो सकता है। यह गुस्सा किसी ऐसे अज्ञात कारण के प्रति भी हो सकता है, जिसने आपको मजबूरी की स्थिति

में पहुँचाया हो। दुर्भाग्यपूर्ण यह है कि आत्महत्या के रूप में जिस किसी व्यक्ति या अन्य कारण के प्रति आक्रोश व्यक्त किया जाता है, इस आक्रोश का परिणाम देखने के लिए आक्रोश दिखाने वाला व्यक्ति स्वयं मौजूद नहीं रहता। इस बात की भी कोई गारंटी नहीं कि जिससे बदला लेने की भावना से यह कदम उठाया जा रहा है, उसे किसी की मौत से कोई फर्क पड़ता है अथवा नहीं? ऐसे हालात में अपनी बेशकीमती जान को व्यर्थ में गँवाना गुनाह बेलज्जत ही कहा जा सकता है।

इसी पुस्तक के एक अध्याय में गुस्से को इनसान की एक रचनात्मक शक्ति बताया गया है। गुस्सा आना कतई बुरा नहीं है। जिस मनुष्य में जितना अधिक गुस्सा है, समझ लेना चाहिए उसमें उतनी ही रचनात्मक ऊर्जा है। किन्तु इस गुस्से को बगैर मस्तिष्क की सहायता के इस्तेमाल करना कतई समझदारी नहीं है। हमें चाहिए कि सबसे पहले इस बात को साफ-साफ समझने का प्रयास करें कि हमें गुस्सा आ किस बात पर रहा है। क्या यह किसी परीक्षा में हमारी असफलता पर आ रहा है? क्या किसी व्यक्ति द्वारा हमें निरन्तर परेशान करने पर आ रहा है? क्या अपने किसी सार्वजनिक अपमान अथवा अपमान के भय पर आ रहा है? इसके पश्चात् हमें उस व्यक्ति को साफ-साफ पहचानने का प्रयास करना चाहिए जो हमारी इस स्थिति के लिए जिम्मेदार है। यह व्यक्ति कोई हमारा नजदीकी भी हो सकता है तो कोई अजनबी भी। हमारा प्रियजन भी हो सकता है तो कोई प्रभावशाली व्यक्ति भी। व्यक्ति, कारण अथवा परिस्थिति यह जो कोई भी है, इस मन:स्थिति में हमारा सबसे बड़ा शत्रु है। हम जान देने का निर्णय इसलिए ले रहे हैं क्योंकि हम इसे अपने से अधिक ताकतवर मान रहे हैं। ऐसी स्थिति में इससे टकराना एक तरह से अपने आपको मौत के मुँह में धकेलने के ही समान है, मगर जब किसी ने जान देने का निर्णय ले ही लिया है तो क्यूँ न उस चुनौती से टकराकर अपनी जान दी जाए?

यहाँ एक बात स्पष्ट कर दें कि टकराने का अर्थ हिंसा का सहारा लेना अथवा जान देने की जगह जान लेने का निर्णय लेना नहीं है। हम इस व्यक्ति, परिस्थिति,भाग्य अथवा अन्य किसी कारण को अपनी श्रेष्ठता साबित करके भी पराजित कर सकते हैं इस कार्य के लिए हमें विवेक, धैर्य और संयम और समय की आवश्यकता होती है। मगर अपने शत्रु को पराजित होते हुए देखने के लिए हमारा जीवित रहना सबसे पहली शर्त है।

जीते जी पुनर्जन्म

अपने हाथों अपना जीवन दाँव पर लगाने जा रहे इनसान को अपने अन्तिम फैसले पर अमल से पहले एक प्रयोग और करना चाहिए। उसे चाहिए कि वह एक बार जीते जी मृत्यु की कल्पना करके देखे या यूँ कहें कि शारीरिक के बजाय एक बार मानसिक मृत्यु का वरण करके देखने का प्रयास करे। कुछ क्षण के लिए वह सब कुछ भूल जाए, यहाँ तक कि अपने आपको भी। पक्के मन से यह मान ले कि उसने अपने आपको मार डाला है। उस आत्मा को मार डाला है जो निराशा और पराजय से भर चुकी थी, मगर उसने अपने शरीर को बचाकर रख लिया है। उसका यह शरीर अभी निर्जीव पड़ा है। इसके भीतर से आत्मा निकलकर दूर जा चुकी है। अचानक उसका पुनर्जन्म होता है। इसी शरीर में एक नई आत्मा का प्रवेश होता है। एक भरा-पूरा नया जन्म और इसकी नई शुरुआत। एक ऐसे जीवन की शुरुआत जिसने अभी कुछ नहीं खोया है, जिसे अभी सब कुछ करके देखना और सब कुछ पाना ही शेष है—नए उत्साह, नई उमंग और नई ऊर्जा के साथ। मानसिक मृत्यु का यह प्रयोग अवसाद से भरे किसी भी इनसान की जिन्दगी का चामत्कारिक ढंग से कायापलट कर सकता है।

जिन्दगी पर अट्टहास करके देखें

जब मन में सफलता की उम्मीद न रहे और पास में खोने के लिए कुछ न बचे तब ही मन में उन्मुक्तता का उजाला अंगड़ाई लेता है। भाग्य की उत्तर पुस्तिका और कर्म की लेखनी पर हमारा अधिकार खुद हमारे अलावा हमसे कोई नहीं छीन सकता। इस उत्तर पुस्तिका पर हम यदि सफलता की कहानी न भी लिख सकें तो भी खुशियों की इबारत लिखने से हमें कोई नहीं रोक सकता। शर्त इतनी-सी है कि जीवन रूपी परीक्षा अवधि की समाप्ति से पूर्व ही हम अपनी उत्तर पुस्तिका परीक्षक को थमा न दें। जिन्दगी का सफर किसी मुकाम पर खत्म नहीं होता। यदि हमारे लिए आगे बढ़ने का एक रास्ता बन्द हो चुका है तो मानकर चलिए कि हमारे भाग्य विधाता ने हमारे आगे बढ़ने के लिए कोई और रास्ता तय कर रखा है। हमें अपने विवेक की दृष्टि से इसे खोजना भर है। यदि हमें सामने पूरी तरह से अन्धकार दिखाई दे रहा है तो

घबराएँ नहीं। रात का अन्धकार हमारे विश्राम करने के लिए है। जिस तरह दिन का उजाला सदैव नहीं रहता, ठीक उसी तरह रात का अन्धकार भी ढल जाता है। नया रास्ता ढूँढ़िये और बढ़ चलिए नई सुबह और नई उमंग के साथ। सच्चाई दरअसल यह है कि किसी मुकाम पर हम विफल नहीं होते। हमारी जिद विफल होती है। हम आई.आई.टी. की मेरिट में विफल हो गए तो इसका अर्थ यह नहीं कि हम जिन्दगी की मेरिट में विफल हो गए। हमें चाहिए कि हम जिद में आकर आई.आई.टी.को ही जिन्दगी न मान लें। हो सकता है, हमारे भाग्य ने इससे बेहतर कोई और मंजिल हमारे लिए तय करके रखी हो। हमें अपना रास्ता बदलकर अवश्य देख लेना चाहिए।

सबसे अन्तिम और अच्छा विचार यह है कि यह जिन्दगी सिर्फ सफलता की दौड़ नहीं। अव्वल तो ऐसा हो नहीं सकता, मगर फिर भी ऐसा हो जाए कि हम हर इम्तहान में असफल हो जाएँ, तो भी जिन्दगी हमें मुस्कुराने से रोक नहीं सकती। जिन्दगी हँसने, मुस्कुराने, गुनगुनाने, खुशियाँ मनाने और बगैर कारण के उत्सव मनाने के लिए भी है। क्या आपने कभी सड़क के किनारे साइकिल रिक्शा की सीट पर फटे हुए कपड़ों वाले किसी शख्स को दोनों पैर पसार कर जिन्दगी पर मुस्कुराते हुए नहीं देखा? क्या किसी फकीर को ठहाका लगाकर हँसते हुए नहीं देखा? सच पूछा जाए तो जिन्दगी का असली स्वाद क्या है, सफलता की अन्धी दौड़ में फँसे लोग इनसे ज्यादा नहीं जानते।

✪✪✪